交 通 救 助

機 械 救 助

高 所 救 助

山 岳 救 助

水 難 救 助

その他救助

救 急

発刊にあたって

当協会が毎月発行している機関紙『ほのお』の「消防最前線」は、消防という二文字を背負い、消防道を邁進して、萎えることのない雄姿と、これらの根幹をなす消防組織や現場活動の様子を全国の消防職員の皆様に紹介することをテーマに、昭和55年に掲載が始まりました。

これまで39年間の長きにわたり、全国各地の消防が直面した特異災害の発生・被害状況や現場の活動内容、今後の課題などを余すところなく体験者に執筆いただき、全国の皆様のもとにお届けしてきました。

近年、震災・水災等の大規模災害や複雑多様化する救助救急事案に対し、消防防災ヘリコプターやドクターカー等との連携をはじめ、新たな救助器具の活用や救急処置範囲の拡大など救助救急技術は高度化の一途を辿っています。

そこで当協会では、これまで「消防最前線」にご寄稿いただいた全国の消防本部にご協力いただき、救助救急活動の実践的教養書として本書『全国の実例から学ぶ消防活動事例集【消防最前線 救助・救急編】』を発刊するにいたりました。

本書では、各救助救急活動における119番通報から出動、現場到着時の状況や救助救急活動の概要、さらには事例を通しての検討・推奨事項が、写真や現場活動図といった参考資料を交えて紹介されています。

現場指揮者をはじめ、現場に出動するすべての隊員にとって有益で貴重な資料であり、各消防本部が経験した救助救急事例から数多くのことが学べるはずです。

本書が救助救急活動に従事する皆さんの必携として、また、教育・研修資料として広く活用され、さらには現場での消防活動に伴う受傷事故の根絶に貢献することを念願するものであります。

令和２年３月

一般財団法人全国消防協会　会長　安藤　俊雄

01 バスの追突による、多数傷病者発生事故

災害概要

国土交通省が、多数の死傷者を生じるなど特に社会的影響が大きい事故として「特別重要調査対象」に認定した交通事故事例である。

覚　知	平成26年９月某日16時08分
発生場所	国道（自動車専用道路）
出 動 隊	指揮隊、救助隊、消防隊３隊、救急隊４隊、救急ワークステーション隊、消防本部特命隊
119番通報内容	「観光バスの追突事故で、負傷者が多数います。車内前方で挟まれている人もいます」
受 傷 者	16名（重症１名、中等症２名、軽症13名）
そ の 他	●最先着隊現場到着＝16時20分 ●全ての要救助者救助＝16時49分 ●全傷病者搬送（現場出発）＝17時13分

国道に故障して停車していた車両（高所作業車）に観光バス（29人乗り）が追突し、観光バス車内で挟まれ１名を含む多数の傷病者が発生した事故であった。

活動概要

交通事故による多数傷病者災害の指令を受け、第１出動部隊に加え、医師同乗の救急ワークステーション隊及び消防本部特命隊の計10隊37名が出動した。

現場道路が事故車両で塞がれ、渋滞が発生し緊急車両の進入が困難であることを、先行部隊から無線報告を受け、後続の消防車両は本線側道に部署した。

最先着隊到着時は、観光バス側方非常口から自力で脱出して路肩に座り込む数人の乗客と、バス内で助けを求める乗客が見受けられた。また、観光バス前方乗車口付近で添乗員が挟まれている状態であった。

先着消防隊が、二次災害防止措置を行い、側方非常口に三連はしごを設定し、進入経路を確保した。その後、先着救急隊が、傷病者のトリアージ及び応急処置を実施した。

現場指揮本部を立ち上げ、救助隊が添乗員の救助活動、消防隊が軽症者の救護及び応急救護所への誘導、救急隊が医師とともに傷病者に対する処置に当たるよう指示を出した。

救助を要した添乗員は、胸部から大腿部にかけて挟まれており、意識レベルJCS I桁、ショック症状が見受けられた。このことから、医師による酸素投与及び静脈路確保の実施、救急救命士による傷病者の継続的な観察の下、救助隊が挟まれ箇所を解放し救助した。

写真１－１

写真１－２

写真１－３

搬送先病院の選定は、各活動の進行と同時に現場指揮本部と情報指令課が連携し、三次医療機関に、重症者及び中等症者各１名を搬送、二次医療機関に、中等症者１名を含む14名を搬送した。

なお、現場指揮本部の判断で、消防本部特命隊運用の広報車（10人乗りワンボックスの緊急車両）１台で軽症者８名を搬送した。

所　見

現場は、片側２車線の自動車専用道路上であり、本線に一般車両が立ち往生したため、インターチェンジからの進行が困難を極めた。

本事例では、警察と連携し渋滞車両を誘導したことで、傷病者搬送車両の通行を確保したが、進入経路に制限がある場合、道路管理会社に反対車線の封鎖を依頼するなど、他機関との連携が迅速な傷病者搬送につながると考察する。

また、救急ワークステーションをはじめ、日頃から各種勉強会等で医師、看護師と意見交換を実施することにより、互いの業務を理解し、現場活動で効率的な活動が図れた。

02 高速道路における複数傷病者発生事故

災害概要

高速道路上で発生した車両３台による事故で傷病者７名のうち、死者２名、重症１名が発生し管内外応援要請及び管外医療機関へ搬送した事例である。

覚　　知	平成25年11月某日15時38分
気　　象	天候＝曇、風向＝北西、風速＝２m/s、気温＝10.9℃、湿度＝46.2% 路面状況＝乾燥状態
発生場所	高速道路
出 動 隊	●管轄消防本部＝指揮車１台、指揮支援車１台、消防車１台、救急車５台 ●応援消防本部＝消防車１台、救急車１台（消防相互応援協定による出動） ※ドクターヘリを要請するも別件出動中のため、対応不可であった。
119番通報内容	「車３～４台が絡む衝突事故。けが人は複数いる。１台から白煙が上がり、挟まれている人もいる」
受 傷 者	７名（重症１名、中等症３名、軽症１名、死亡２名：初診時傷病程度）

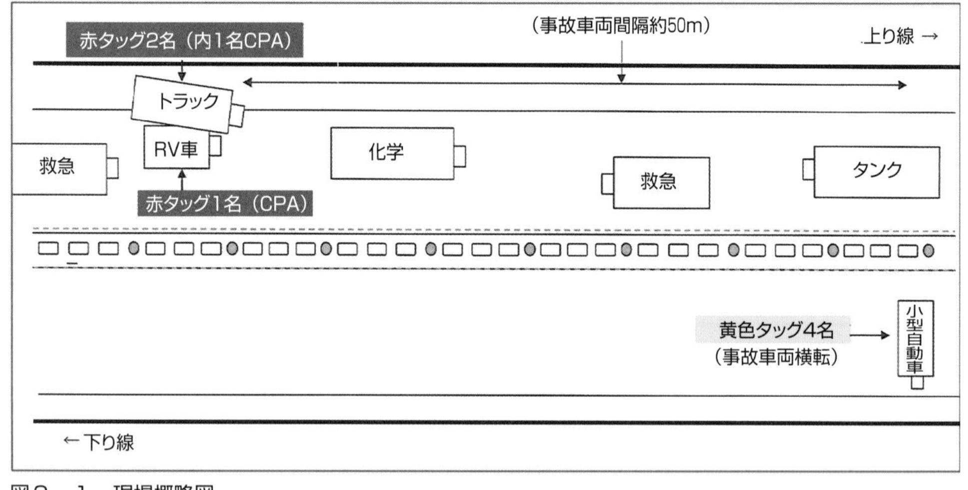

図2－1　現場概略図

現場は、インターチェンジまで約１㎞の地点であり、下り線を走行していたRV車が反対車線にはみ出し、上り線を走行していた小型自動車に接触後、後続車の２ｔシングルキャビントラックと正面衝突した。接触された小型自動車はコントロールを失いガードレールに衝突したのち、横転した事故であった。

活動概要

(1) 時間経過

出　　動	救急隊、消防隊15時43分
救助活動開始	16時07分
救助活動終了	16時52分
現場活動完了	19時00分

(2) 現場到着時等の状況

通報内容から、集団災害出動マニュアルに基づき管内の各署所へ応援出動要請をするとともに、高速自動車国道の救急業務担当区域（上下線方式）により上り線担当の消防本部へ消防相互応援協定に基づく応援要請をした。

現場到着時、高速道路の上り線上にRV車と２ｔシングルキャビントラックが共にフロント部分を進行方向に向けて大破している状態で停車していた。その前方約50m

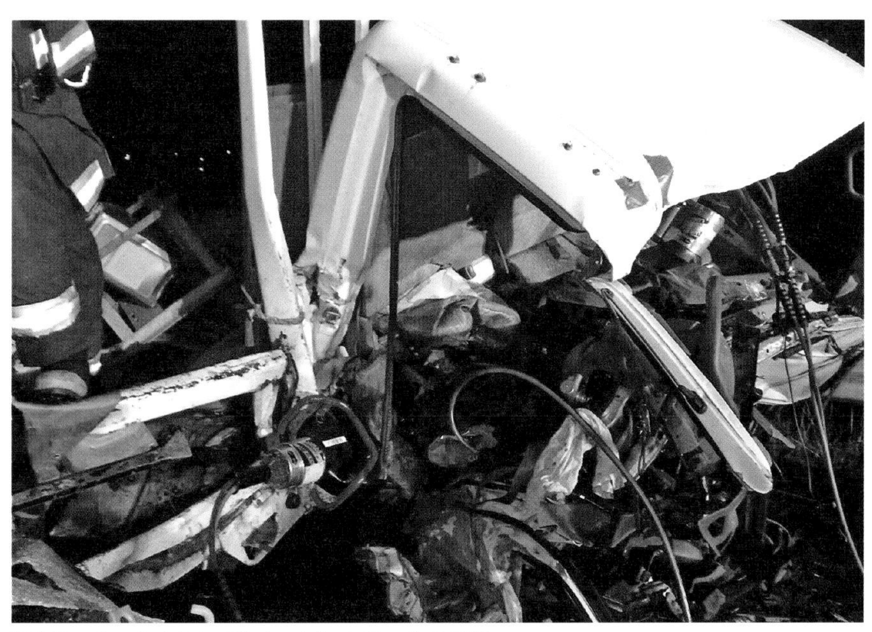

写真２－１　２ｔシングルキャビントラックの状況

先に小型自動車が運転席側を下に横転し停車していた。

傷病者は、RV車に１名（CPA）、２ｔシングルキャビントラック２名（CPA：１名、赤色：１名）、小型自動車の４名であった。

RV車及び２ｔシングルキャビントラックの傷病者３名は、両下肢を挟まれており、うち２名がCPA、小型自動車の傷病者は２名が車外に立位、残り２名は車内の後部座席の運転席側に寄りかかるようにしており挟まれはなかった。

⑶　活動状況

インターチェンジを管轄区域とするＡ消防署の救急車２台、消防車１台が出動した。

Ａ救急隊現場到着前に他署（Ｂ署）の救急車及び消防車が現場到着しており、その現場指揮者から情報収集をするとともに、トリアージは未実施であることを確認した。

双方の現場指揮者による活動方針の決定と、通報内容から管内各署所への応援要請がされていることを確認し、消防応援体制による消防力で対応することを決定した。

また、現場への早期医療介入が必要と判断し、通信員から、ドクターヘリの出動を要請した。しかし、ドクターヘリは別の事案に出動中であった。

Ａ救急隊はトリアージを実施し、事故車両は２か所に分散していたので、Ａ及びＢ消防隊による救助活動を実施した。

RV車及び２ｔシングルキャビントラックの３名は両下肢を挟まれていたため、大型救助器具等による救助活動をＢ消防隊で実施した。

Ａ消防隊は、小型自動車後部座席内２名（黄色）の傷病者の救助活動を開始した。

幸い挟まれはなかったが車両が運転席側を下にして横転していたので、ステップチョークで車両の安定化を図りながらフロントガラスを切断器具で切断、２名を救助した後、Ｂ消防隊の救助活動に合流し、RV車の傷病者１名（CPA）を救助した。５名の救助に要した時間は45分であった（救助活動時間16時07分～16時52分）。

写真２－２　RV車の状況

写真２－３　小型自動車の状況

最初に救助された２ｔシングルキャビントラックの傷病者１名（赤色）をＢ救急隊で直近の三次医療機関へ搬送した。CPAの傷病者２名を含む傷病者６名は、各救急隊が病院選定し搬送した。

全ての傷病者を医療機関へ収容した最終時刻は、18時21分（全活動に要した時間は３時間22分）であった。

所　見

本事例は、１件で７名の死傷者が発生した複数傷病者事案で、２名の方が亡くなられた。

消防相互応援協定に基づく応援隊を含め、救急車６台が出動、計５医療機関へ傷病者を搬送した。

現場の状況等が不明確な状況であったが、災害現場の災害需要に応じることができる最大限の消防力を投入し、現場活動に従事することができた。

今後、大規模化する災害に対応すべく各種マニュアルの見直しや、近隣消防と更なる連携訓練等、災害時に体系的な消防活動ができるように協議を進めていく。

また、多数傷病者の対応標準化トレーニングコース（MCLS）への参加による隊員のスキルアップ、車両事故における外傷受傷者救出のプロトコール（ITLSアクセス）の受講による資器材の活用や、救助活動の効果的な運用ができるようにスキルを高めていかなければならない。

03 複数傷病者発生事故（ドクターヘリ及び隣県ドクターカー要請事例）

災害概要

平成26年11月に県道上で発生した車両２台による交通事故で、ドクターヘリ及び隣県のドクターカーを要請した事例である。

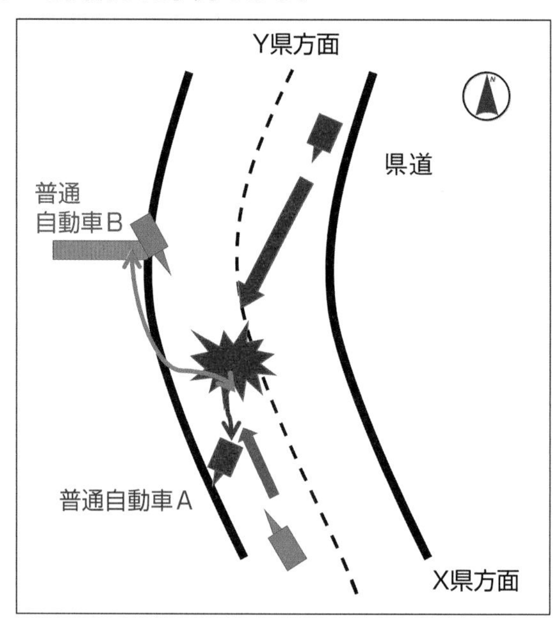

図３－１　現場見取り図

覚　　知	平成26年11月某日14時03分
発生場所	Ｘ県県道上でＹ県境まで600mの地点
出 動 隊	救助隊２隊（特別救助隊・救助隊）、消防隊１隊、救急隊３隊、支援隊１隊（非番者２名）
受 傷 者	４名

現場は、Ｘ県とＹ県を結ぶ幹線道路のカーブで、県境に当たる。Ｙ県方面から進行してきた普通自動車ＡとＸ県方面から進行してきた普通自動車Ｂが正面衝突した交通事故であった。

活動概要

(1) 活動状況

交通事故による複数の傷病者及び車内への閉じ込めとの情報であったため救急隊、救助隊及び非番者による支援隊を増隊し、計７隊17名が出動した。途中、ドクターヘリ及び隣県のドクターカーを要請した。

写真３－１

写真３－２

写真3－3

先着隊は救急隊１隊で、現場道路は事故車両のため渋滞が発生していた。普通自動車Ａは、進行方向の反対車線に停車し運転席に激しい変形が見られ、一次トリアージを実施すると、運転手の60代男性（以下「①傷病者」という。）は、両下腿を挟まれCPA状態で黒タッグ、助手席の60代女性（以下「②傷病者」という。）は、意識ありショック状態のため赤タッグで救出可能であった。

普通自動車ＢはＹ県方向へ20ｍほど進行した道路左側で、前部が大破、さらに幅15㎝高さ50㎝の敷地境界コンクリートブロック上に窓ガラスが閉まり運転席を下に横転した不安定な状態であった。運転席に50代男性（以下「③傷病者」という。）が意識なしで下腿部を挟まれているのが確認でき赤タッグ、後部席床下の外からは死角となる部分に80代女性（以下「④傷病者」という。）を発見、CPA状態で頸部及び左胸部に損傷が激しく黒タッグで救出可能であった。

特別救助隊が14時18分に現場到着し③傷病者の救助活動開始、普通自動車Ｂの安定化をクレーン等で行い、大型油圧器具を使い救助活動を開始した。

隣県ドクターカーが14時27分に現場到着、医師により①及び④傷病者の死亡確認が行われた。②傷病者は、救急車にて隣県内の病院に搬送、「肺挫傷・開放性骨折等」と診断され、隣県ドクターヘリにて大学付属病院に転送となった。③傷病者の救助活動中、隣県ドクターカー医師により静脈路確保を実施、後着したドクターヘリ医師により事故車内で気管挿管を実施、15時18分に救助を完了した。救急車内に収容しドクターヘリランデブーポイントへ移動、ドクターヘリにてＸ県内の病院へ搬送し、一命を取りとめた。

(2) 詳　細

最先着隊（救急隊）到着	14時10分
特別救助隊・消防隊到着	14時18分
隣県ドクターカー医師到着	14時27分
ドクターヘリ医師到着	14時38分
②傷病者（A助手席）搬送開始	14時43分
③傷病者（B運転手）救助完了	15時18分
ランデブーポイントへ搬送開始	15時32分
ドクターヘリ離陸	15時51分

所　見

119番通報時のキーワードで重症者が予想される「多数傷病者発生事案」では、ドクターヘリ、ドクターヘリ補完ヘリ及び隣県ドクターカーを必要に応じて同時要請することを確認した。また、県境で発生した事案について、消防相互応援協定による連携及び協力体制の再確認を行った。

04 高速道路におけるホワイトアウトによる35台が絡む多重衝突事故

災害概要

吹雪で視界の悪い日に高速道路で発生した多重衝突事故である。

覚　　知	平成27年２月某日11時29分
気　　象	天候＝雪、風向＝南西、風速＝2.2m/s、気温＝マイナス6.5℃、湿度＝93%、積雪＝80㎝（11時現在） 注意報等＝雪崩、低温、大雪、風雪、雷注意報（10時17分発表）
発生場所	高速道路上り線
出 動 隊	指揮隊（指揮車１台）５名、救急隊（救急車３台）10名、救助隊（救助工作車１台）５名、消防隊（ポンプ車１台）３名
119番通報内容	「救急です。場所は○○自動車道上り線○○キロポスト付近で車十数台の多重事故です。負傷者も数名いる模様です。火災はありません」
受 傷 者	●要救助者：３名（うち２名不搬送） ●救急搬送者：４名（要救助者を含む。）

高速道路上り線で、車両35台が絡む多重衝突事故により、傷病者が４名発生した（現場配置図は図４－１参照）。

活動概要

(1) 活動状況

現場は高速道路上り線であったが、インターチェンジ間は上下線とも交通規制がされていたため、指揮隊は下り線上に現場指揮本部を設置し、下り線から現場へ向かった隊も下り線へ部署し救助活動に従事した。

指揮隊の命により最初に事故車両数、要救助者数、危険物漏えい等の火災危険の有無を各隊手分けして確認した。車両の変形等により脱出不可能な要救助者は２名確認されたため事故車両６（図４－１）の運転者の救出から開始した。両下肢がハンドルとドア、座席に挟圧されていたものの意識は清明、毛布による保温処置及び活動障害となるキャビン内の物品を排除後、大型油圧スプレッダーチェーンブロックにて他の事故車両とハンドルを支点にして挟圧部分を開放した。要救助者は両下肢の大きな外傷はなく歩行可能なため、介添えにて車外へ救出し救急車内へ収容した。

次に、事故車両10の要救助者の救出を開始した。挟圧等はなく車両の変形により脱出不可能な状態であった。運転席側ドアとフロントガラスの破壊活動を同時に行ったところ、フロントガラスの取り外しが早く、安全に移動できると判断、脚立を使用し介添えにて車外へ救出し救急車内へ収容した。

写真４－１　事故先頭車両は中央分離帯に衝突し停車していた。

写真４－２　事故車両の状況を確認する救助隊

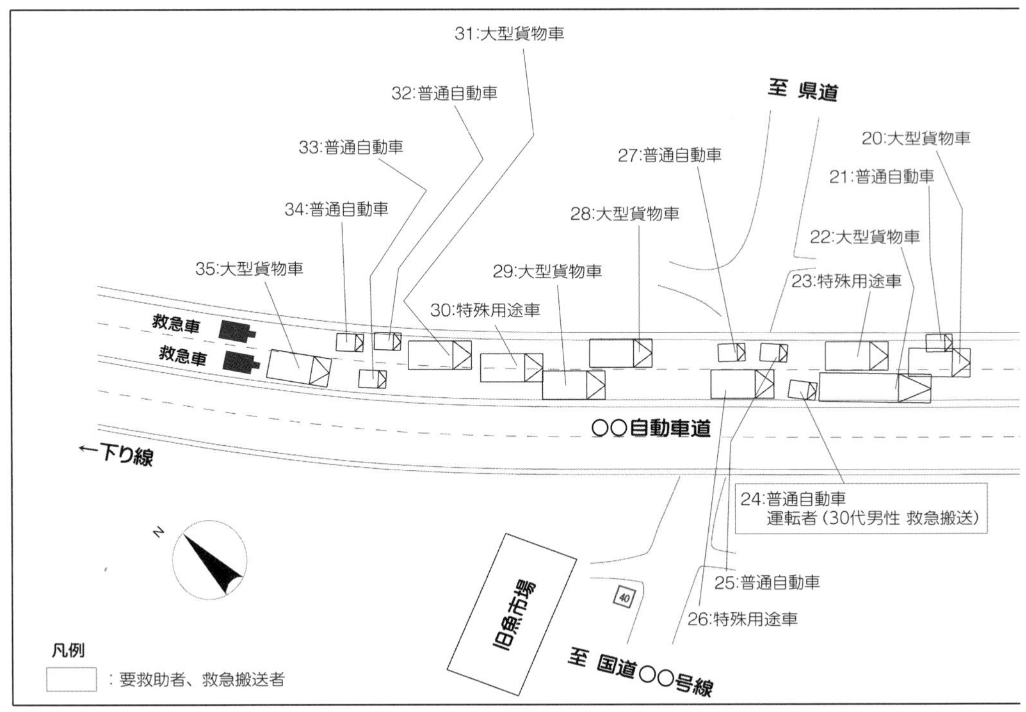

図4－1　現場配置図

この時点で確認された要救助者の救助は完了したが、再度全車両の確認をしたところ大型車両に囲まれていた事故車両７の車内に要救助者を視認した。外傷等はなく、内部からドアの開放ができずに閉じ込め状態であった。ドアは変形していたが、徒手にて車両ドアを開放し救出した。

⑵ 詳　細

出　動	11時32分
現場到着	11時45分
救助開始	11時46分
救助完了	12時09分
活動終了	13時08分

所　見

本事例は通報時、十数台の事故との内容であったが、結果的に35台の事故であった。幸い重症者もなく４名の救急搬送であったが、多数傷病者であれば当然、傷病者のトリアージを実施した上で、それと並行して事故状況を把握し活動を円滑にするため事故車両への標示方法も考えていく必要があると感じた。

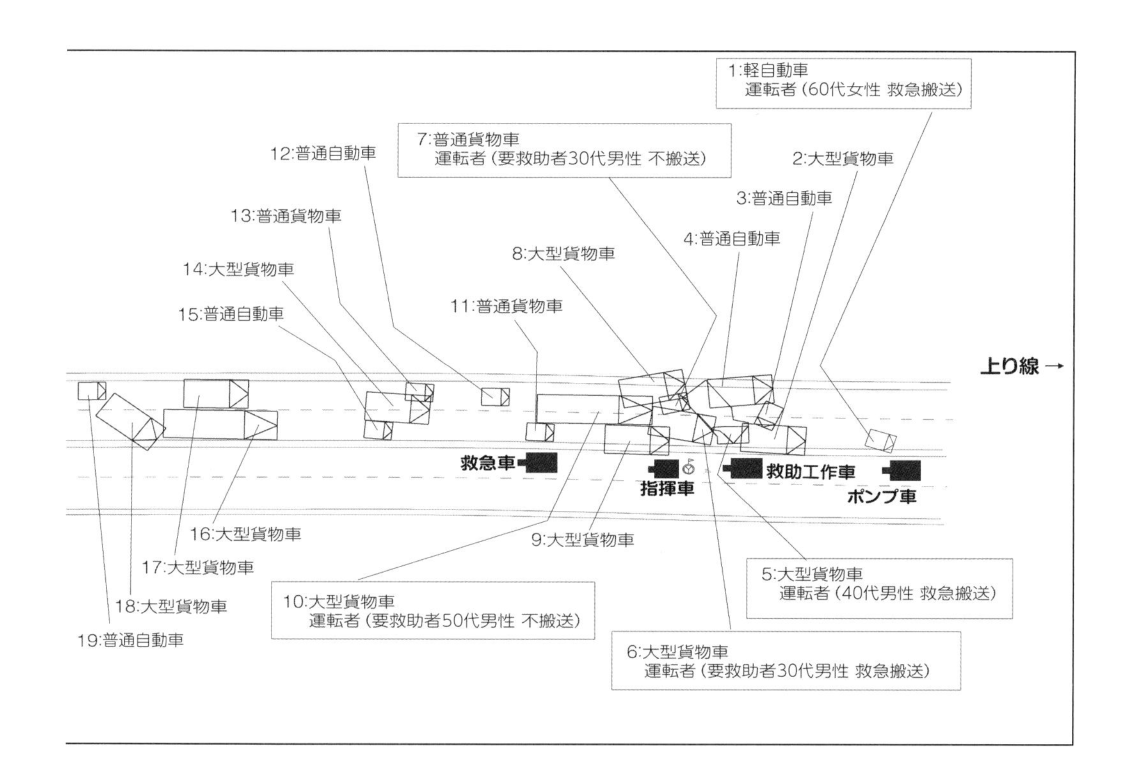
1:軽自動車
運転者（60代女性 救急搬送）
2:大型貨物車
3:普通自動車
4:普通自動車
5:大型貨物車
運転者（40代男性 救急搬送）
6:大型貨物車
運転者（要救助者30代男性 救急搬送）
7:普通貨物車
運転者（要救助者30代男性 不搬送）
8:大型貨物車
9:大型貨物車
10:大型貨物車
運転者（要救助者50代男性 不搬送）
11:普通貨物車
12:普通自動車
13:普通貨物車
14:大型貨物車
15:普通自動車
16:大型貨物車
17:大型貨物車
18:大型貨物車
19:普通自動車
上り線 →
救急車
指揮車
救助工作車
ポンプ車

05 普通自動車が谷川へ転落した事故

災害概要

山間道路から谷川へ普通自動車が転落した単独交通事故である。

覚　　知	平成27年６月某日12時23分
気　　象	天候＝曇、風向＝東南東、風速＝2.2m/s、気温＝23.4℃、湿度＝61.2%
発生場所	県道（山間部）
出 動 隊	指揮隊（指揮車１台３名）、救助隊（救助工作車１台５名）、救急隊（救急車１台３名）、消防隊（水槽付ポンプ車１台４名）、ドクターヘリ支援隊（指令車１台２名）
119番通報内容	県警察本部から、橋から車が落下して、車外に人が見えるとの通報。
受 傷 者	１名（死亡）

活動概要

(1) 活動状況

通報内容から高エネルギー外傷が疑われる事故を想定したので、通信指令室員がドクターヘリを覚知要請したが、天候悪化により視程が不良のため運航不可であった。現場の県道は山あいで、生い茂った枝に橋の下の視界を遮られるも、突き破られたガードレールの間から最先着消防隊が事故車両を確認することができた。

最先着消防隊小隊長から、車両は橋から落差約10m下の谷川に転落、フロントが大破し、右タイヤは水に浸かり傷病者は水面に浮いている模様と状況報告があった。

消防隊は救急隊と合流した後（先着活動隊）、危険な直近ルートを避けるため迂回して谷川へ向かい、傷病者に接触、浅瀬に腹臥位の状態で浸かっている傷病者を岸に引き揚げて観察を実施、CPA状態のため直ちにCPRを開始するとともに、バックボード固定を行った。

指揮隊、救助隊到着時、先着活動隊が河原でCPRを実施していたため、救助工作車のフックを支点に、救助ロープを使用し河原に降下、バスケット担架に傷病者を縛着し、引揚げ地点まで徒手搬送した。斜面をつるべ式により道路上まで引き揚げて救出、その後、救急車でドクターヘリランデブーポイントへ搬送した。

ドクターヘリ医師が救急車に同乗し、診察及び薬剤投与を行った後、直近二次病院に救急車で搬送した。

写真５－１　ガードレールの破損状況

写真５－２　橋からの現場状況

写真５－３　現場の様子

写真５－４　傷病者が浸かっていた場所

⑵ 詳　細

出　　動	12時26分
ドクターヘリ要請	12時30分（ヘリポート天候不良のため運航不可）
先着隊現場到着	12時37分
救助開始	12時38分
ドクターヘリ再要請	12時38分
ドクターヘリＣＳからの連絡	12時45分（天候回復のため運航可能）
救助隊現場到着	12時49分
救助隊活動開始	12時50分
救助完了	13時04分
ドクターヘリ収容	13時12分
転院搬送開始	13時30分
病院収容	13時36分

所　見

本事例は、通信指令室員がドクターヘリを覚知要請するも視程不良により運航不可であり、機体性能の優れる防災航空隊のドクターヘリ的運用も考慮したが、同様の結果であった。その後、出動途上の指揮隊が、現場付近の天候は回復し視程も良好になったと確認したため、再要請によりランデブーポイントを小学校跡地に選定、ドクターヘリ運用で引き継いだ。

消防活動の際、明暗を分けるのは瞬時の判断である。天候の変わりやすい山あいで、一時的な視程の回復を絶好の時機として再要請できたためドクターヘリとの連携が可能となった。多種多様化しつつある災害に迅速に対応する判断力を身に付ける必要がある。

複数傷病者が発生した車両の正面衝突事故

災害概要

普通自動車と大型ダンプが正面衝突し、死者４名が発生した事故である。

覚　知	平成26年11月某日０時56分
発生場所	主要地方道（片側１車線）
出動隊	指揮隊１隊（２名）、救急隊４隊（12名、内他市応援１隊）、救助隊１隊（４名）、消防隊２隊（６名）＝計８隊（24名）
受傷者	４名（死亡）

写真６－１　普通自動車フロント部が大型ダンプに潜り込むように衝突

活動概要

(1) 活動状況

「ダンプと軽自動車、挟まれあり、要救助者１名、詳細不明」との指令内容であったため、Ｘ署救助隊、Ｗ署救急隊、Ｗ署水槽車隊の３隊が出動した。

現場は片側１車線の直線道路で、普通自動車フロント部が大型ダンプのフロントバンパー下に潜り込むように衝突し片側車線を塞いで停車していた。

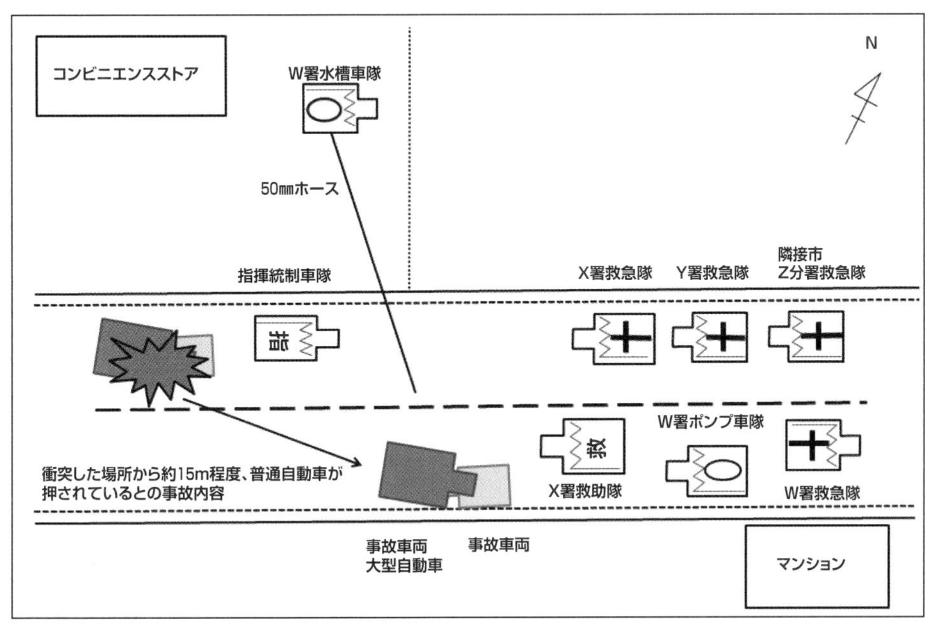

図６－１　現場活動図

最先着消防隊により二次災害防止措置を実施、周囲の安全を確認、大型ダンプ運転手の男性が歩道上に立位でいたため観察処置をした。普通自動車運転席の男性（①傷病者）に接触、ドアの開放は不可能で体幹部は挟まれた状態であった。

その後、運転席側後部座席の内側ドアノブ付近に女性（②傷病者）の顔を確認した。助手席側に回ると、前席に男性１名（③傷病者）を確認、体幹部は挟まれた状態であった。後部座席ドアを開け、それぞれ観察を実施し、３名とも、呼吸・脈拍なしで、CPAを確認した。②傷病者を観察中、体幹部の下に②傷病者とは異なる服装のズボンを発見、両下肢（④傷病者）であるのを確認した。上半身は②傷病者が折り重なっており目視できなかったが、呼び掛けで下肢の体動なしであった。

計４名の複数傷病者のため、指令センターへ救急隊の増隊を要請した。

後着の救助隊が現場到着、普通自動車左後部ドアより進入、後部座席にいた②傷病者を車外に救出し、救急隊へ引き継いだ。④傷病者を観察したところ、男性で呼吸・脈拍なしで、CPAを確認、車外に救出し救急隊へ引き継いだ。続いて、運転席と助手席の救出順位について挟まれ程度の少ない③傷病者を選定、助手席のドアを油圧スプレッダーを使用し開放、リクライニングアジャスターレバーを切断、背もたれを倒し救出スペースを作り車外に救出、救急隊へ引き継いだ。①傷病者の救出では、運転席のドアをスプレッダーにて開放、油圧ラムシリンダーを使用し挟まれを拡張しようと試みたが、大型ダンプが普通自動車のボンネットに覆いかぶさっており、拡張できなかった。そこで、普通自動車後方にワイヤーロープを設定し、ポンプ車にて固定したのち、救助工作車の車載ウインチを活用、大型ダンプを牽引し引き離す作業を行う

写真６－２　普通自動車助手席側の状況

写真６－３　救助工作車の車載ウインチにて大型ダンプを牽引している様子

とともに、スプレッダーにてダッシュボードを潰しながら、ラムシリンダーと交互に拡張、救出スペースを確保した。両大腿部の挟まれを解放して車外へ救出、救急隊へ引き継いだ。

傷病者４名は、三次医療機関へ搬送した。

なお、救急隊１隊については、隣接市の救急隊が対応し搬送した。

⑵ 詳　細

現場到着	W署救急隊　1時00分 W署水槽車隊　1時01分 X署救助隊　1時05分 X署救急隊　1時10分 指揮統制車隊　1時17分 Y署救急隊　1時18分 隣接市Z分署救急隊　1時23分 W署ポンプ車隊　1時56分
救出開始	1時01分
救出完了	2時24分
活動終了	2時46分

所　見

本事例は、大型ダンプと普通自動車の正面衝突事故であり、事故車両の破損が激しく車内が狭く、傷病者状況の把握等、救助活動の困難を痛感した事案であった。

当消防本部は、１本部３署で構成されており、救急隊は各署１隊、計３隊で運用している。しかしながら、同時刻に救急事案が重なった場合や、多数傷病者発生の事案では隣接消防への応援要請が欠かせない状況である。

これを機に、ポンプ車隊が救急有資格者数を満たした場合に限り、予備救急車を使用し第４の救急隊運用を開始する方針にしたところである。

07 2か所で連続して複数傷病者が発生した特異的な交通事故

災害概要

県道の橋上（橋長：561.95m、幅員：8.0m）において、複数傷病者が発生した特異的な交通事故でありながら、指令管制員の的確な判断と、指揮命令系統の確立により円滑な活動が図れた事例である。

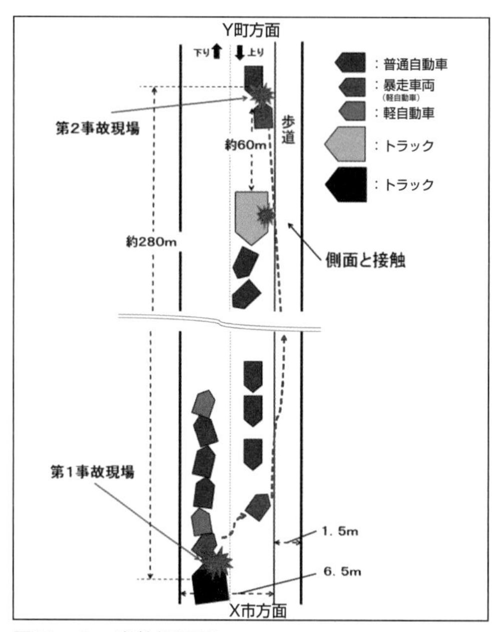

図7－1　事故概要図

覚　　知	平成27年５月某日22時03分頃
気　　象	天候＝晴、風向＝南南東、風速＝0.9m/s、気温＝20.8℃、湿度＝64.7%
発生場所	県道（橋上）
出 動 隊	指揮隊、救急隊４隊、消防隊２隊
119番通報内容	第１報「車４台の交通事故」 第２報「トラックが追突した玉突き事故、事故車両計７台、負傷者２名」
受 傷 者	７名
現場到着時の状況	事故現場は橋上で、約280m離れた場所において連続的に２か所で事故が発生したもの。橋上は事故車両で塞がれており通行止め状態であった。

軽自動車３台、普通自動車４台及びトラック２台の合計９台が関係する交通事故で、７名が負傷した。

活動概要

⑴ 事故の詳細

橋上の下り車線上で停車していた６台の最後尾の軽自動車に、トラックが玉突き事故を起こし（第１事故現場）、そのうち最初に追突された１台の軽自動車が暴走。反対車線へ進入し歩道に片輪を乗り上げた状態で下り方面へ暴走、上り車線上の自動車は中央車線寄りに数台の車は避けたが、避けきれなかったトラックの側面と接触、なおも暴走し、上り車線上に停車中の普通自動車と正面衝突する事故（第２事故現場）であった。

⑵ 傷病者情報（負傷箇所・病院選定）

（第１事故現場）

① 50代男性（頸部痛・二次病院選定）

② 70代男性（右肩打撲、両下肢痛・二次病院選定）

③ 50代男性（頸部痛、背部痛、両大腿部痛・二次病院選定）

④ 20代男性（頸部痛・二次病院選定）

（第２事故現場）

⑤ 30代男性（一過性意識障害、右肘打撲・三次病院選定）

⑥ 30代女性（遷延性意識障害、全身打撲・三次病院選定）

⑦ 40代女性（右手関節痛・二次病院選定）

⑶ 活動状況

本事案では、指揮隊、消防隊、救急隊２隊が同時出動した。

なお、指揮隊長からの途上下命にて、安全管理の徹底、事故概要の早期把握、要救助者の救出救護、要救助者数の確認との活動方針が示され

第１事故現場			
B救急隊	市内二次病院		
	①50代男性	頸椎損傷疑い	中等症
	②70代男性	右上腕打撲	軽症
C救急隊	市内二次病院		
	③50代男性	頸椎捻挫	軽症
	④20代男性	頸椎捻挫	軽症
第２事故現場			
A救急隊	市内三次病院		
	⑤30代男性	右肘打撲	軽症
	⑥30代女性	全身打撲	軽症
D救急隊	市内二次病院		
	⑦40代女性	右前腕骨折	中等症

表７－１　傷病者情報

	A救急隊	B救急隊	C救急隊	D救急隊
入電	22：03	22：03	22：18	22：18
現場到着	22：15	22：13	22：27	22：41
（現場滞在時間）	(49)	(46)	(28)	(26)
現場出発	23：04	22：59	22：55	23：07
病院到着	23：15	23：10	23：01	23：19
搬送人員	２名	２名	２名	１名

表７－２　時系列（救急隊）

・傷病者等がおおむね15人以上、同時かつ局地的に発生し又は発生するおそれがある場合。
・消防部隊等を集中的に運用する必要がある場合。
・その他現場最高指揮者が必要と認める場合。

表７－３　集団災害適応基準

たため、ほぼ同時到着した各隊により、円滑に連携活動が行えた。
　これらのことから、指揮命令系統が確立された現場指揮本部に情報が集約され、増隊要請や後着隊においても円滑に活動できた。

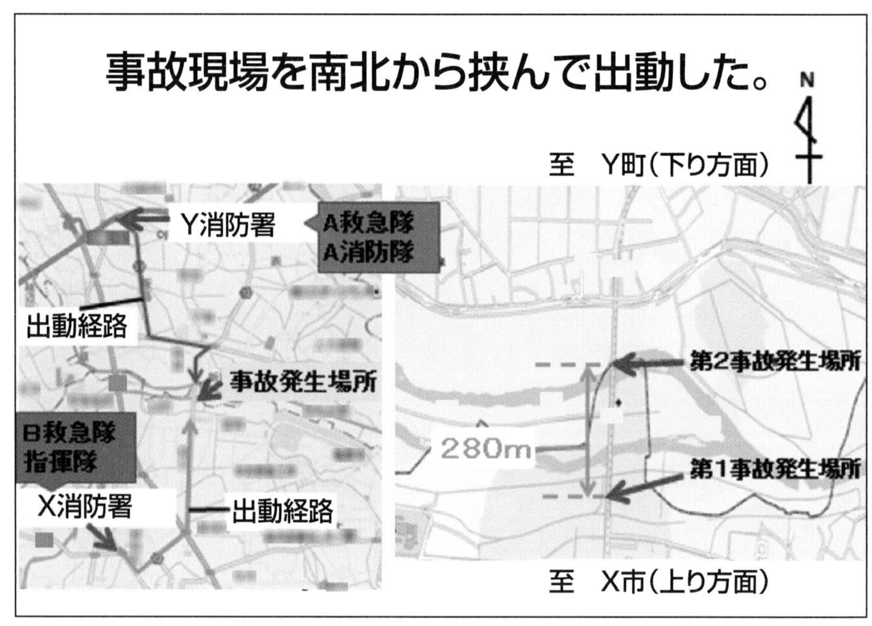

図７－２　現場図

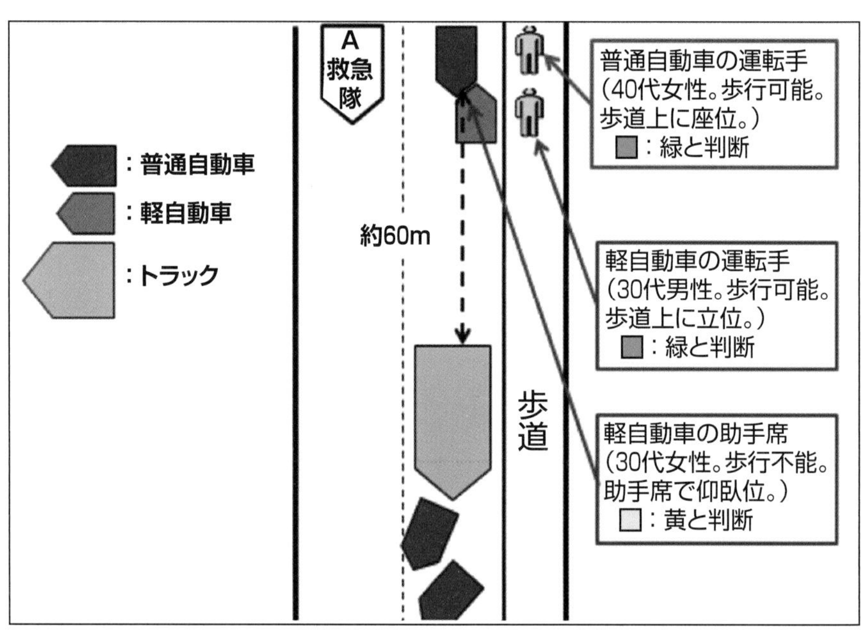

図７－３【第２事故現場】自隊の活動状況

⑷ 詳　細

22時03分	入電（県警察本部）第１報
22時06分	入電（県警察本部）第２報
22時07分	指令（救急出動及び救急支援出動） 出動車両：Ａ消防隊、Ａ救急隊（自隊）、Ｂ救急隊
22時09分	指令（特命出動） 出動車両：指揮隊
同時刻	災害出動 指揮隊、Ａ消防隊、Ａ救急隊（自隊）、Ｂ救急隊の同時出動。
22時13分	Ｂ救急隊　現場到着（第１事故現場）
22時15分	指揮隊　現場到着（第１事故現場） Ａ消防隊、Ａ救急隊（自隊）現場到着（第２事故現場）
22時16分	（第１事故現場） 普通自動車３台、軽自動車２台、トラック１台の交通事故と判明。
22時18分	（第１事故現場） 傷病者４名を確認した。 指揮隊にて救急隊２隊（Ｃ救急隊、Ｄ救急隊）の増隊要請を行う。
22時19分	（第２事故現場） 橋北側、事故車両３台。傷病者は３名いることを確認し指揮隊へ報告した。
22時20分	現場指揮本部設置。
22時21分	指揮隊にて消防隊１隊の増隊要請（Ｂ消防隊）を行う。 Ｂ消防隊、Ｃ救急隊については、Ｘ市方面からの進入を指示した（第１事故現場）。 Ｄ救急隊については、Ｙ町方面からの進入を指示した（第２事故現場）。
22時27分	Ｃ救急隊　現場到着（第１事故現場）
22時30分	Ｂ消防隊　現場到着（第１事故現場）
22時33分	指揮隊からＸ市側を第１事故現場、Ｙ町側を第２事故現場とし、傷病者については各事故現場にて対応するよう指示あり。
22時39分	指揮隊から、第１事故現場については、Ｂ救急隊２名、Ｃ救急隊２名の搬送指示あり。 第２事故現場については、Ａ救急隊２名、Ｄ救急隊１名の搬送指示あり。
22時41分	Ｄ救急隊　現場到着（第２事故現場）

22時55分	C救急隊　現場出発。 傷病者番号③、④の２名搬送開始。 収容先は管内二次病院。 ③　男性　頸椎捻挫・軽症　50代 ④　男性　頸椎捻挫・軽症　20代
22時59分	B救急隊　現場出発。 傷病者番号①、②の２名搬送開始。 収容先は管内二次病院。 ①　男性　頸椎損傷疑い・中等症　50代 ②　男性　右上腕打撲症・軽症　70代
23時04分	A救急隊（自隊）　現場出発。 傷病者番号⑤、⑥の２名搬送開始。 収容先は管内三次病院（二次対応）。 ⑤　男性　右肘打撲・軽症　30代 ⑥　女性　全身打撲・軽症　30代
23時07分	D救急隊　現場出発。 傷病者番号⑦の１名搬送開始。 収容先は管内二次病院。 ⑦　女性　右前腕骨折・中等症　40代
0時01分	A消防隊　現場引揚げ
0時16分	指揮隊　現場引揚げ
0時19分	B消防隊　現場引揚げ

所　見

本事例では、指令管制員の臨機応変な判断と指揮命令系統が確立されていたことにより、複雑な事故形態であったにもかかわらず、事故状況の把握や傷病者の搬送について円滑に活動できた。

しかし、本件のように事故概要が把握できず、複数の傷病者が発生していると疑われる事案では、集団災害として扱うべきであったのだろうか。当消防局の集団災害活動計画には、集団災害について「傷病者がおおむね15名以上、同時かつ局地的に発生し又は発生するおそれがある場合」と記されている。

近年、災害が複雑多様化しているなか、集団災害には至らないが、平時の救急出動では対応困難な場合に、直ちにその災害の規模に即した対応ができるように指針を整備していくことも必要であると考える。

08 大型トレーラーの積荷が落下し、対向車両（普通自動車）の運転席を直撃した事故

災害概要

一般県道上で、大型トレーラーの積荷が対向車両に落下し、大破した車内に運転手が閉じ込められた事故で、ドクターヘリ、ドクターカーとの連携があった事例である。

覚　知	平成29年３月某日15時22分
気　象	天気＝雨、風向＝北東、風速＝３m/s、気温＝５℃、湿度＝62%
発生場所	県道
出 動 隊	救急隊２隊、救助隊１隊、支援隊１隊＝合計４隊（13名）
119番通報内容	「車に衝突され車から出られない」（助手席の傷病者からの通報）
受 傷 者	２名

カーブの続く県道で、走行中の大型トレーラーの積荷を固定していたワイヤーが切れ落下した積荷（約10ｔ）が、対向車両（普通自動車・２名乗車）の運転席側を直撃し、運転席側が大破して運転手が車内に閉じ込められ、助手席の同乗者も負傷した事故であった。

活動概要

⑴ 活動体制

通報時、傷病者は運転手１名との情報であったため当消防本部から救助隊、救急隊、支援隊各１隊が出動した。その後、第２報によりもう１名の傷病者が判明したため救急隊の増隊を行った。また、出動途上に指令センターから得た情報により現場状況を判断した救急隊は、傷病者２名に対しドクターヘリを要請した。当県では、ドクターヘリを２機体制で運用しており、当消防本部第１優先のドクターヘリに連絡したところ、県内の別事案に対応中であったため、第２順位の病院へ連絡し出動可能との返答を得た。前述のとおりドクターヘリは２機体制で運用しているため、可能であれば２機の同時要請を実施することもあるが、今回は１機が出動中であったため、もう

１名の傷病者の搬送をドクターカーに切り替え、普通自動車の運転手をドクターヘリ、助手席の同乗者をドクターカーに収容することとし、それぞれが連携した活動を実施した。

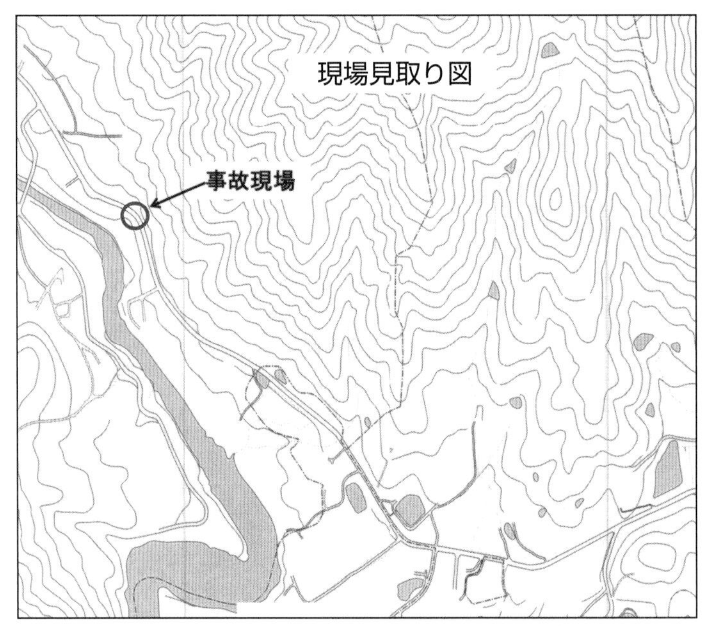

図８－１　大型トレーラーは北進、普通自動車は南進で走行

⑵　傷病者情報

50代女性（運転手、三次医療機関ドクターヘリ搬送、死亡）
60代女性（助手席同乗者、三次医療機関ドクターカー搬送、中等症）

写真８－１　事故車両の状況

写真８－２　事故車両と落下した積荷

⑶　活動状況

先着した救急隊は、現場、事故の状況を把握し傷病者２名に対し、トリアージを実施した。運転手は大破した車両に挟まれており、CPA状態を確認するも処置できる空間がなく、救出後の処置と判断した。助手席側の傷病者に挟まれはなく腹部、腰部の痛みを訴えていたため全身固定を実施し車内収容した。活動と並行しながら同時出動した後着の救助隊に状況の送信を行った。

救助隊は、救急隊の情報から必要資機材を選定、現場到着後、活動を開始した。また、現場には警察官が未到着であったため、支援隊が交通整理、通行人等の整理を行い安全管理を実施した。

先着救急隊は、傷病者の観察、処置を実施しながらドクターカー医師と連絡を取り、ドッキングポイントである高速道路インターチェンジへ搬送した。

後着救急隊は傷病者救出後、全身固定及びCPRを実施しながらドクターヘリランデブーポイントへ搬送した。また、支援隊は、到着した警察官に現場安全管理を依頼し、ドクターヘリ支援活動のためランデブーポイントへ移動しドクターヘリ支援を実施した。

⑷　詳　細

15時22分	指令センター入電
15時27分	先着救急隊・救助隊・支援隊出動
15時33分	ドクターヘリ及びドクターカー要請
15時36分	後着救急隊出動

15時46分	先着救急隊現場到着
15時49分	救助隊、支援隊現場到着
16時01分	要救助者救出完了
16時04分	先着救急隊搬送開始
16時08分	後着救急隊搬送開始
16時12分	ドクターヘリランデブーポイント到着
16時14分	救急隊ランデブーポイント到着
16時15分	ドクターカー、救急隊ドッキングポイント到着
16時23分	ドクターカードッキングポイント搬送開始
16時29分	ドクターヘリランデブーポイント離陸

所 見

当消防本部は小規模な本部で、全ての隊において兼任体制である。そのため、救助隊に救急救命士を配置し、救急隊員も日常的に救助訓練を実施している。本事例においても、先着救急隊からの情報により事故状況の把握が全隊で共有でき、円滑な活動につながった。交通救助事案は年々少なくなってきているが、挟まれがある場合、ほとんどの車両が大破している。当消防本部では毎年、訓練用車両を準備し、全隊員を対象に車両の構造、開放、拡張、切断方法の伝達及び検証を行っている。また、救助隊員も応急処置を行うことが可能なため、隊の連携は比較的スムーズに実施できている。さらに、ドクターヘリの運用が開始され、救命率も向上してきていると感じる。当市は三次医療機関まで陸路では１時間以上を要する地域であり、ドクターヘリ運用開始までは長時間の搬送となっていた。過去には２機同時要請の事例もあり、早期医療介入による奏功事例も増えてきている。全ての傷病者を救命できるわけではないが、当市においても少しずつ医療体制が充実してきていると実感している。更なる迅速な要請を期すため、通信指令員とも事後検証及び意見交換を行い適切な早期要請を目指していく。

09 高速道路上で発生した多数傷病者発生事故（サービスエリアの有効活用事例）

災害概要

高速道路下り線で、渋滞で停車している自動車に大型トラックが追突し、車両6台が絡む多重事故により19名が負傷した事例である。

写真9－1　事故現場

覚　　知	平成29年4月某日17時08分
気　　象	天候＝雨、風向＝南東、風速＝2m/s、気温＝3.1℃、湿度=97%、雨量1.0㎜/h
発生場所	高速道路
出 動 隊	・消防本部・消防署＝指揮隊2隊6名、特別救助隊1隊4名、救急隊4隊12名、資材車隊1隊2名　合計8隊24名 ・病院＝ドクターカー1台、ラピッドレスポンスカー1台、医師4名、看護師2名、ロジ1名　合計2台7名
受 傷 者	19名（重症者3名、中等症者3名、軽症者13名）
全傷病者搬送（病院到着）	20時12分

活動概要

高速道路における多数傷病者救助指令を受け、第１出動隊に加え、特命出動の消防本部指揮隊等合計８隊24名が出動した。また、同時にドクターカーの出動を要請するとともに、指令センターで管内医療機関に傷病者の応需照会を行った。

出動途上の指揮隊指示により、先着救急隊は災害状況の把握とトリアージを開始、車両６台が点在した長軸な現場は全体把握に困難を極めたが、傷病者の挟まれ等による救

写真９－２　事故現場

写真９－３　サービスエリアに集結した部隊

写真９－４　傷病者集積場の様子（サービスエリア）

助活動は必要としなかった。

　また、高速道路上という閉鎖空間での事故のため、現場指揮本部とドクターカーの医師の判断により、部隊等のアクセス及び降雨という悪条件を考慮して、約２km先のサービスエリア建物内に応急救護所を設置し傷病者を集結させた。

　搬送先病院の選定は、指令センターで把握した応需状況を基に、医師の助言を受けるなどして現場指揮本部で実施し、三次医療機関に重症者３名及び中等症者２名を搬送、二次医療機関に中等症者１名を含む14名を搬送した。

所　見

　本事例から、改めて多数傷病者事故対応における要諦は、救命と傷病者の予後の観点から、迅速な応急対応、資源の集中的投入と関係機関の情報共有であり、特にドクターヘリやドクターカーなどの医療の投入は、効果的な救急活動を実施するために欠かせない戦術の一つであると再認識した。

　当地域は「病院前救急医療」を提供するための手立てとして、ドクターヘリとドクターカーを要請できる、いわば恵まれた地域である。関係機関の助言を得ながらドクターヘリ・ドクターカーの効果的な運用をするため「医師の接触時間」と「適正な医療機関への搬送」を軸とした独自の要請基準を定め、通報時に可及的速やかに要請することとした。この基準の特徴は、当地域の救命救急センターを基点とした緊急車両走行による10分の同心円を目安とし、外側はドクターヘリ、内側はドクターカーを要請し、それぞれの効果の判断に迷うときは双方を要請できることとした。

10 高速道路で発生した交通事故現場への出動途上に発見した別件多重衝突事故

災害概要

高速道路で発生した車両９台の玉突き衝突により、10名が死傷した交通事故である。

覚　知	平成30年７月某日16時55分
気　象	天候＝晴、風向＝東、風速＝2.1m/s、気温＝35.2℃、湿度＝47.2%
発生場所	高速道路下り線
出動隊	指揮隊１隊、特別救助隊１隊、救急隊４隊、消防隊１隊、消防本部支援隊１隊（合計22名）
ドクターヘリ	２機
受傷者	10名（死亡１名、重症１名、中等症４名、軽症４名）

活動概要

(1) 事故の覚知及び災害発生場所

高速道路下り線で発生した交通事故事案に当消防本部の救急隊１隊及び支援として消防隊１隊（以下「先着隊」という。）が出動したもので、出動途上、第２事故現場に遭遇した。多数の事故車両により道路が閉鎖され先に進むことができない状況であったことから、当消防本部に自己覚知として通報し現場活動を開始したものである。一方で、出動予定であった第１事故現場は、当消防本部の担当区域外であることが判明したため、担当区域の消防本部に災害対応を依頼した。

なお、事故現場付近には、下り方向約２㎞地点にスマートインターチェンジ（以下「SIC」という。）がある。

(2) 活動状況

第１事故現場で発生した渋滞により、最後尾に停車していた普通自動車に大型トラック等が追突したもので、大型自動車３台、普通自動車５台及び軽自動車１台の合計９台が多重衝突した事故であった。また、事故車両により路肩を含め全車線が塞が

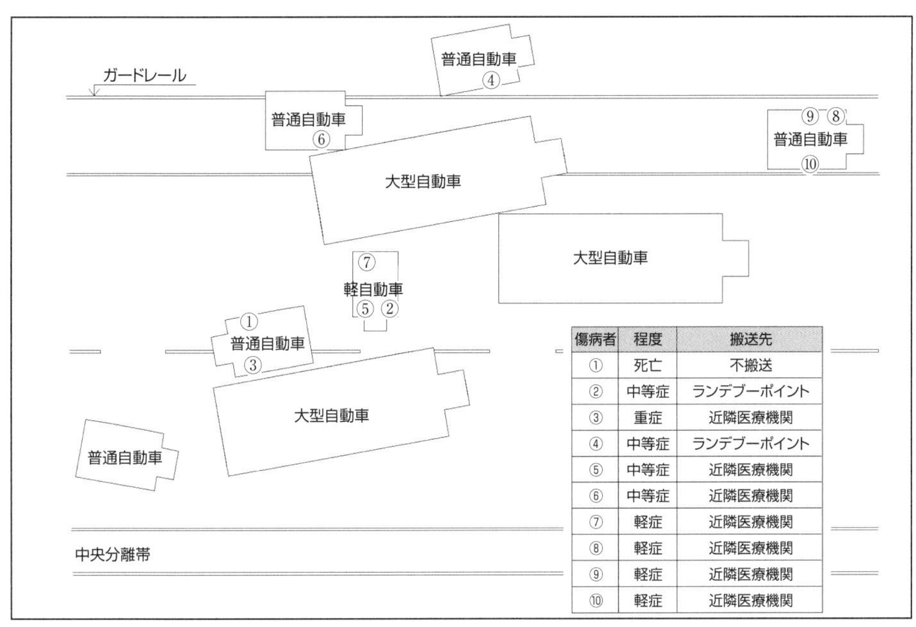

傷病者	程度	搬送先
①	死亡	不搬送
②	中等症	ランデブーポイント
③	重症	近隣医療機関
④	中等症	ランデブーポイント
⑤	中等症	近隣医療機関
⑥	中等症	近隣医療機関
⑦	軽症	近隣医療機関
⑧	軽症	近隣医療機関
⑨	軽症	近隣医療機関
⑩	軽症	近隣医療機関

図10－１

れており、車両の通り抜けができない状態であった。

先着隊が事故の状況を確認したところ、心肺停止状態１名と軽自動車内で挟まれている要救助者１名を含めた10名の傷病者を確認したことから、指揮隊、救助隊、救急隊の増隊及びＡドクターヘリ１機を出動要請した。

心肺停止状態の①傷病者は、心電図観察したところ無脈性電気活動（後に心静止に移行）であり、自動式心マッサージ器を装着し、用手から切り替えて心肺蘇生法を継続した。

写真10－１　事故の状況①

写真10－２　事故の状況②

また、軽自動車の②傷病者は助手席において、大きく変形したＡピラーとドアの間に両下腿部を挟まれていたが、両足部末端の知覚は保たれていた。意識は清明、顔貌苦悶、呼吸は速く、脈拍は橈骨動脈で速く触れた。総合的な観察結果からショックを疑い、医師の指示を受け急速輸液を実施した。

一方、先着隊からの要請により出動した指揮隊１隊、特別救助隊１隊及び救急隊２隊は、通信指令課から現場は事故車両により道路が閉鎖状態であるとの情報を受ける。

救急隊１隊は、急遽出動経路を変更してサービスエリアの業務用ゲートから一般道に出て、高速道路の側道に救急車を部署した。先着隊の誘導により③傷病者と接触したところ、既に脊椎運動制限処置が施されており、高濃度酸素投与及び側頭部の圧迫止血を引き継ぎ、医療機関に向けて出発した。

指揮隊は先着隊から状況報告を受け、さらに救急隊１隊とＢドクターヘリ１機の出動要請をするとともに、高速道路関係者及び警察官と協議を行い、SICから事故現場までの間の下り線逆走の体制を整えた。

特別救助隊は先着隊とともに要救助者（②傷病者）の救助活動を開始し、コンビツール及びスプレッダーにより、両下肢の間隙を拡張して救出を完了した後、道路を塞いでいる事故車両をチルホールにて移動させ、救急車の動線を確保した。

ドクターヘリのランデブーポイントについては、隣接消防本部の協力を得て直近消防署の敷地内に、Ａドクターヘリ及びＢドクターヘリの２機を待機させた。

消防本部支援隊は、ランデブーポイントに先着したＡドクターヘリのフライトドクター２名及び看護師１名を乗車させ、SICから警察車両の先導により本線を逆走して現場へ向かった。

フライトドクターは二手に分かれて傷病者の搬送トリアージ及び救急医療を開始し、心肺停止状態の①傷病者は死亡診断された。

救急隊は、ドクターヘリ２機にて搬送する②及び④傷病者をランデブーポイントへ搬送し、残りの⑤から⑩傷病者についても、順次、近隣医療機関に分散して搬送した。

所　見

本事例は、別件の交通事故事案へ出動した隊が本事案の事故現場と遭遇したものであり、事故直後から迅速に活動を開始できたことが大きなアドバンテージとなった。

特に、高速道路の側道から事故現場にアプローチした救急隊が搬送した傷病者は、病院到着直前に意識レベルが悪化、血圧が低下してショック症状を呈しており、緊急度の高い傷病者を迅速に搬送できたことは、先着隊との情報共有や連携が効果的に機能した結果と考えられる。

高速道路という特殊な閉鎖空間においては、事故の形態により救急車の動線を確保できない場合が多々あるが、フライトドクターが現場に臨場することにより、早期に医療の介入が図れるほか、搬送トリアージの実施や適切な医療機関の選定等ができるため、医療救護活動の戦術的アプローチであるCSCATTTを実施する上でマストな存在であることを再確認した。

また、高速道路においてはトンネル火災など特異な災害や事故も発生しているが、様々な現場において安全、迅速かつ円滑な現場活動を実施するためには、高速道路関係者や警察等との連携体制の充実が重要である。

11 農作業中に収穫用農機具に手を挟まれた機械事故

災害概要

ドクターヘリの運用開始以降、当消防本部が初めて要請した事例である。

覚　知	平成25年９月某日13時35分
発生場所	市街地から北西方向へ約７㎞にある農業大学校の敷地内
出動隊	救急隊１隊、救助隊１隊、指揮隊１隊
受傷者	１名

農業大学校職員が収穫した玉ねぎの選別作業中にハーベスター（収穫する農機具）のローラー部分に左手指先から手首までを巻き込まれた事故であった。

要救助者は30代女性、立位で意識清明、左手首より持続性出血がありデグロービング損傷の状態であった。

活動概要

(1) 活動状況

「手が農業機械に挟まっている」との通報内容で、事故現場から直接の通報ではなかったため具体的な事故の概要、けがの程度を聞き出すことはできなかった。救急隊、救助隊が現場到着し、状況を確認した結果、要救助者は左手首にデグロービング損傷が認められ、救出するには時間を要すると判断、さらに、専門的医療機関へ早期の搬送が必要と判断し、ドクターヘリの要請を行った。

また、農業用機械は特殊な構造であり、救出するには機械の解体が必要なため、現場の救助隊から町内の農機具ディーラーに連絡し、整備士の現場出動を要請した。

救出にあたっては、負傷箇所の状態及び出血量を考慮し、衝撃、振動を与えず、左手の挟まりを解除する救出方法を選択し、チルホール及び油圧救助器具のスプレッダーにてローラー間を広げようとしたが、ローラー間が１㎝程しかないため、ロープスリング、スプレッダーの先端がローラー間に入らず、この救出方法は断念した。その後、農機具ディーラー整備士が到着し、ローラーを止めている片側の留金部分の解体をしたものの、もう片側は解体が不可能と判断され、エンジンカッターによるローラー部分の切断を決行した。

切断する箇所と要救助者との距離がないため、要救助者の身体に毛布を覆いかぶせて保護するとともに、要救助者の不安を解消するよう、救急隊が声を掛け励ましながら、継続的に観察し救出作業を行った。

ローラー部分の切断が完了しローラーを浮かしたところ、要救助者の左手の挟まれは解除され、救出完了した。

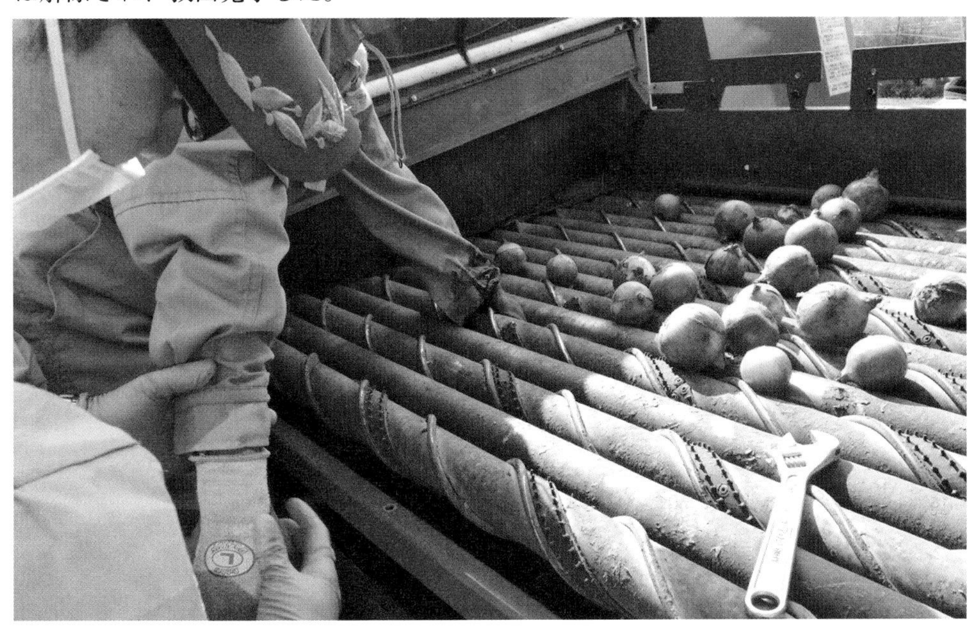

写真11－１　農業用機械への挟まれ状況（後方）

写真11－２　農業用機械への挟まれ状況（前方）

同時にドクターヘリが到着し、すぐに救急隊から医師に引き継ぎ、ドクターヘリに収容した。

写真11－３　機械全体

写真11－４　機械一部

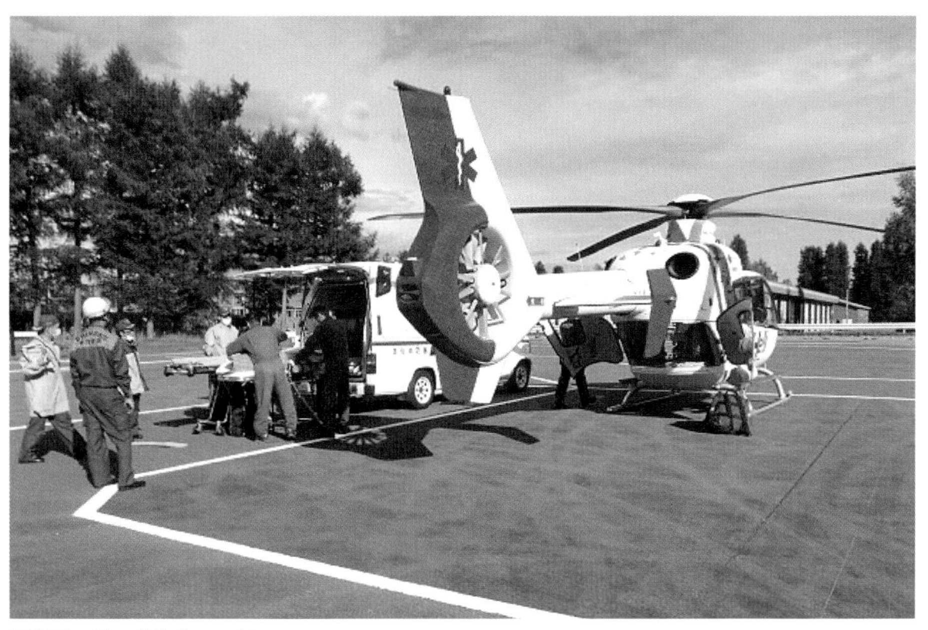

写真11－５　ドクターヘリ

(2) 詳　細

現場到着	救急隊	13時50分
	救助隊	13時51分
傷病者接触		13時51分
救出開始		13時52分
ドクターヘリ要請		13時53分
後着隊（指揮隊）		14時00分
救出完了		14時21分
ドクターヘリ現場到着		14時23分
現場出発		14時33分
病院到着		14時51分

所　見

現場は、農業大学校で大規模な敷地があり、ドクターヘリを現場に直接要請し、ランデブーポイントまでの救急搬送を省くことができたため、医療機関への搬送時間の短縮を図ることができた。

当消防本部では、初のドクターヘリ要請事案であったため、要請には迷いや不安等もあったが、要請から救出完了後、医師への引き継ぎ、ドクターヘリへの収容等を迅速に行うことができた。
　どの事案でも同じだが、状況に応じていかに要救助者を安全・確実・迅速に救出する方法を判断・選定し実行するのかが重要である。
　本事例では、救出方法及びヘリ要請時における判断の難しさを痛感させられた。

12 養豚場で糞処理をするためのスクリューに巻き込まれた機械事故

災害概要

養豚場で作業中の男性が糞(ふん)を送り出すスクリューに巻き込まれた機械事故である。

覚　知	平成26年１月某日14時47分
発生場所	養豚場畜舎
出 動 隊	救急隊１隊、救助隊１隊、消防隊２隊、指揮隊１隊
受 傷 者	１名

養豚場で畜舎から出た糞を処理中の男性１名が、畜舎沿いの糞を流す側溝と側溝内に沿って敷かれているスクリューとの間に、右手から右上腕部までと右下腿部を巻き込まれた事故であった。

活動概要

⑴　活動状況

通報では、「糞を巻き取る機械に体全体が挟まっている」との内容であり、具体的な事故概要、機械の構造等、要救助者の状況が確認できなかった。

出動途上、電源遮断を指示するとともに、巻き取り機械は特殊な構造であると判断し、機具メーカー及び購入業者の派遣を要請した。

（現場到着時）

先着救急隊が接触中であり、要救助者は幅30cm、深さ40cmの側溝と側溝内に沿って敷かれているスクリューとの間に右手から右上腕部までと右下腿部を巻き込まれた状態であった。

（救出開始）

先着救急隊より、要救助者は意識清明、顔面蒼白、冷汗ありとの情報を得た。

救出に時間を要すると判断し、現場へ医師の派遣を要請するとともに、関係者に機械の構造等の情報収集を行い、側溝内のスクリューを解体しての救出方法を選択した。

挟まれ箇所の頭部側１ｍ付近の取り付けボルトを外しスクリューが離脱可能となったが、足側はスクリューが長く、ボルトを外しても移動させるのが困難であったため、右下腿部が挟まれた箇所から１m付近のスクリューの切断を開始した。

切断作業時は、要救助者の容態の観察及び体位管理を行うとともに、側溝内は切断スペースも狭かったため、数種類の切断器具を使用し切断後、衣服を切除しながらスクリューを徐々に離脱し救出した。

写真12－１　要救助者の状況

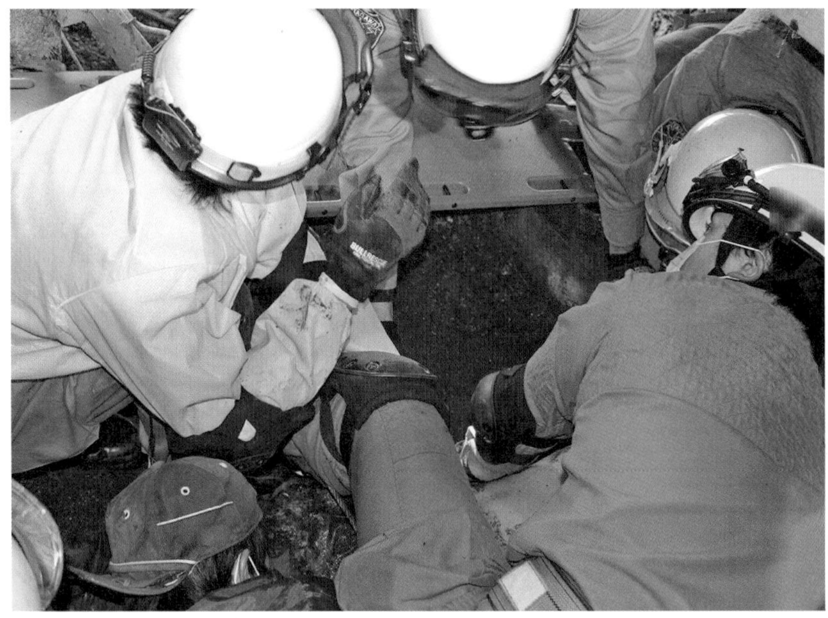

写真12－２　救出途中の状況

写真12－３　現場全景

写真12－４　切断状況

(2) 詳　細

現場到着	救急隊	14時56分
	救助隊	14時59分（消防隊２隊、指揮隊１隊同着）
救出開始		15時00分
現場医師派遣要請		15時05分
現場医師到着		15時15分
救出完了		15時18分
救急車現場出発		15時30分
救急車病院到着		15時38分

所　見

本事例は、スクリューの構造が複雑でなく解体が容易にでき、また、関係者の協力もあり、長時間を費やすことなく救出ができた。

どの事案も同様であるが、いかに要救助者を安全・迅速・確実に救出するかが重要になるため、今後も様々な事例の検討を行い反復訓練を重ね、あらゆる災害に対応できる部隊及び隊員の育成に励みたい。

13 産業廃棄物処理施設の焼却炉内で発生した崩落事故

災害概要

ドクターヘリ、ドクターカーを要請し、医師、看護師と連携した救助救急事例である。

覚　知	平成27年４月某日午前９時19分
発生場所	産業廃棄物処理施設内焼却プラント
出動隊	指揮隊、救助隊、救急隊４隊、消防隊３隊、ドクターヘリ、ドクターカー
119番通報内容	「産業廃棄物施設の焼却炉の事故で、作業員数名が灰に埋もれている」
受傷者	５名

産業廃棄物処理施設の回転式焼却炉（以下「焼却炉」という。）の内部で改修作業をしていた作業員５名が、内壁の崩落により受傷し、３名は自力で脱出したが、２名が取り残された事故であった（**写真13－１・２・３**）。

活動概要

⑴ 傷病者情報（傷病程度・傷病名）、搬送先

① 40代男性（軽症・右肘、左脇打撲）、管内二次病院搬送

② 30代男性（中等症・額挫創）、管内二次病院搬送

③ 30代男性（中等症・腰部、左腕挫創）、救命救急センター搬送

④ 20代男性（焼却炉内要救助者）（中等症・左足圧迫によるクラッシュシンドローム）、救命救急センター搬送

⑤ 50代男性（焼却炉内要救助者）（重症・心肺停止）、ドクターヘリにて救命救急センター搬送

⑵ 活動状況

先着Ａ救急隊は、従業員に作業の中断など安全管理の徹底を指示した。現場周囲は、従業員が多数おり、興奮している者もいたため、消防警戒区域を設定、早期にトリアージタッグを活用した傷病者の識別を開始した。

救助活動については、焼却炉内部の傷病者は、破壊器具などの救助器具を必要とせず、コンクリート片を徒手にて取り除いた後、搬出できた。

写真13－１　回転式焼却炉

写真13－２　回転式焼却炉入口（点検口）

写真13－３　回転式焼却炉内部（内径約３m）

写真13－４　現場指揮本部・救護所

⑶　詳　細

午前９時22分	直近Ａ救急隊出動
午前９時25分	救助隊・Ｂ救急隊出動
午前９時26分	指揮隊出動

午前９時27分	ドクターカー要請
午前９時29分	Ａ救急隊現場到着
午前９時31分	指揮隊・救助隊・消防隊現場到着
午前９時32分	Ｂ救急隊現場到着 ドクターヘリ要請
午前９時40分	現場指揮本部・救護所設置
午前９時40分	①・②傷病者、焼却炉近くで立位、先着救急隊一次トリアージ（区分Ⅰ）、消防隊により救護所へ搬入（**写真13－４**）。
午前９時44分	③傷病者、焼却炉入口に座り込み、腰部の痛みを訴え、歩行不可、先着救急隊一次トリアージ（区分Ⅱ）、消防隊により救護所へ搬入。
午前９時45分	ドクターヘリ、近隣のランデブーポイント到着。
午前９時47分	焼却炉内部の⑤傷病者、焼却炉の入口から３ｍの位置で倒れ、心肺停止状態、バックボードにて救出、先着救急隊一次トリアージ（区分Ⅲ）、Ｂ救急隊により救護所へ搬入。
午前９時48分	ドクターヘリの医師・看護師を消防隊により、ランデブーポイントから現場へ搬送。
午前９時49分	⑤傷病者、救護所にて、ドクターヘリの医師による治療が開始された（気管挿管、静脈路確保、エピネフリン投与）。（心拍再開＝午前９時56分）
午前９時50分	④傷病者、焼却炉の入口付近に倒れており、バックボードにて救出、先着救急隊一次トリアージ（区分Ⅱ）、消防隊により救護所へ搬入。
午前９時53分	ドクターカー現場到着（医師２名・救急救命士（病院実習中、他本部）２名）
午前９時53分	④傷病者、救護所にて、ドクターカーの医師による治療が開始された（静脈路確保）。
午前10時03分	⑤傷病者、ドクターヘリによる搬送と決定され、Ｂ救急隊により、医師・看護師が同乗、ランデブーポイントへ搬送開始。
午前10時04分	①・②傷病者、Ｃ救急隊により、市内二次病院へ搬送開始（医師同乗なし）。
午前10時07分	③傷病者、Ａ救急隊により、医師が同乗、救命救急センターへ搬送開始。
午前10時12分	④傷病者、Ｄ救急隊により、医師が同乗、救命救急センターへ搬送開始。

所 見

当地域では、本事例のとおり、ドクターヘリ、ドクターカーが運用されている。

私たちは、このように恵まれた環境の下で、要請する側として、双方のメリットを十分に活用していかなければならない。

本事例では、ドクターヘリがランデブーポイントに到着後、医師を現場に搬送し、併せてドクターカーを要請したことにより、早期に治療が開始され、また、搬送順位の決定や傷病者の管理も円滑に実施することができた。

今後は、全国の消防本部の活用事例を参考にし、ドクターヘリ、ドクターカーの活用方法を検討していく。

14 建設作業用足場上でのCPA（バイスタンダーCPR等により社会復帰につながった事例）

災害概要

バイスタンダー～ PA連携～救助活動～早期搬送による救命の連鎖が、迅速かつ的確に実施されたことにより、完全社会復帰に至った事例である。

覚　知	平成27年７月某日14時11分
発生場所	店舗建築現場
受 傷 者	１名

狭隘（きょうあい）かつ不安定な建設作業用足場上で作業員が心筋梗塞を発症しCPAとなった。

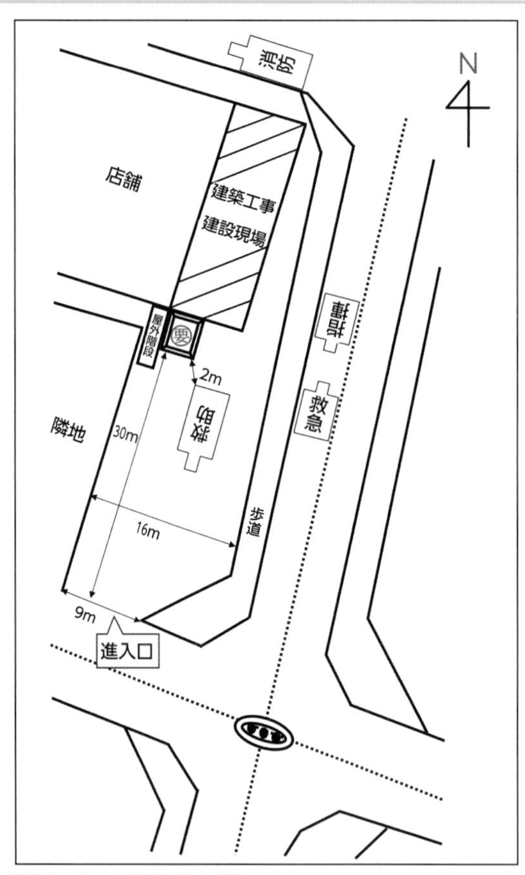

図14－１　現場見取り図

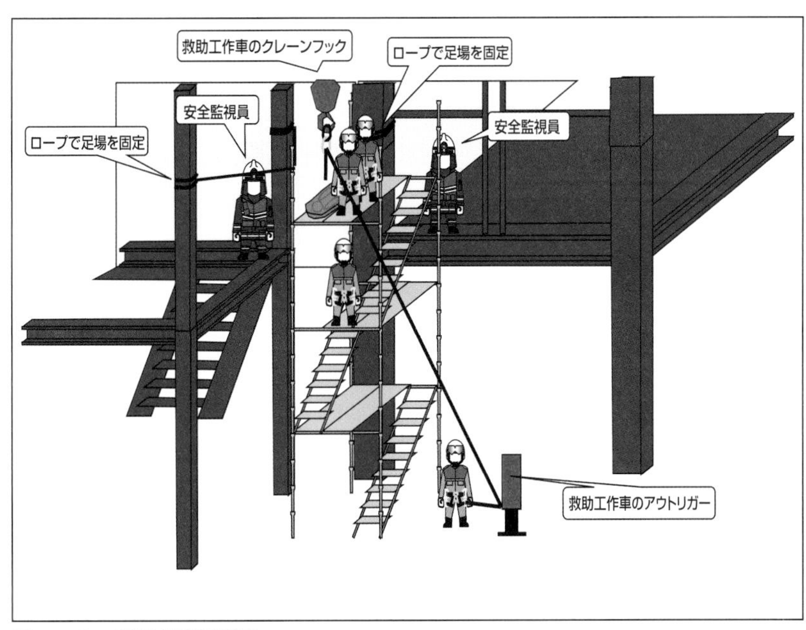

図14－２　現場救助活動図

活動概要

(1)　活動状況

店舗建築現場で作業員が意識をなくし倒れたとの119番通報で、救急隊及び警防隊の２隊が出動した。

通信指令課は、通報者に対し気道確保及び胸骨圧迫を口頭指導し、救急隊到着まで

写真14－１　作業用足場上で救命処置を実施する隊員

写真14－２　救助隊・警防隊の活動状況

写真14－３　要救助者を地上まで救出中の状況

の処置を依頼した。また、直近三次病院を搬送先として確保し、現場の救急隊から特定行為の指示要請の依頼がある旨を連絡した。

救急隊が現場到着時、傷病者は建設作業用足場上（高さ約６m、幅は東西1.5m、南北２m）に仰臥位で、同僚が通信指令課員の指示に従い胸骨圧迫を実施中であった。作業用足場には階段（0.4m幅）が設けられており、傷病者の位置までは容易に到達できるものの、階段は狭隘であり、足場は未完成の状態で非常に不安定であった。救急隊長は、出動隊のみでの搬出は困難と判断し、直ちに救助隊（救助隊・指揮隊）を増強要請した。

傷病者を観察したところ、CPAであったためCPRを開始するとともにAEDを装着し波形を確認すると、Vf波形が確認できたため、安全確認後に１回目の除細動を実施したが心拍の再開はなく、CPRを継続した。

特定行為の指示については、医師へ現場の状況を説明したところ「安全な範囲で処置を行い、救出完了後に必要があれば再度指示要請してください」とのことであった。

２回目の除細動を実施し、CPRを２分間実施した後の波形の確認時に心拍再開を確認したため、処置をCPRから人工呼吸に切り換え継続的に観察を実施し、医師へ状況を報告した。

指揮隊が現場到着後、大隊長は直ちに隊員の転落危険防止等に対する安全管理の徹底を指示し、不安定であった作業用足場を固定し、安全監視員を配置した。また、到着した救助隊長に車両クレーンフックを支点とした一箇所吊り担架水平救助を下命した。前進指揮を執る中隊長は、足場の荷重を考慮し隊員４名での活動が限界と判断し、隊員の進入制限を実施した。

救急隊員は、傷病者が自発呼吸を再開したため補助換気に切り替え、バックボード固定等の搬送準備を実施した。

救助隊は、救助工作車を部署し、バスケットストレッチャーへの要救助者の収容と一箇所吊り担架水平救助の設定を同時進行で行った。救助ロープは三つ打ちナイロンロープを使用、地上には警防隊を配置し担架の安定及び足場への接触に配慮して誘導ロープを設定し、救出した。

救出後、医師への連絡を行うとともに速やかに搬送先として確保した三次病院に収容した。

その後、手術、入院及び療養を経て３か月後には完全社会復帰に至った。

⑵ 詳　細

救助要請		14時17分
出動隊及び現場到着	救急隊・警防隊	14時15分
	指　揮　隊	14時21分
	救　助　隊	14時23分
救出完了		14時37分
病院到着		14時43分

所 見

本事例は、要救助者がCPAであったが「バイスタンダーによる早期CPRの実施」、「PA連携による早期除細動と応急処置」、「救助隊による高所からの早期救出」、「救急隊による早期搬送」の救命の連鎖が迅速かつ的確に実施されたことで結果として一人の尊い命を救ったと考えられる。改めてバイスタンダーによる早期CPRが重要であることを再認識した。

15 高所及び狭隘空間での感電事故

災害概要

高所において高圧線に接触し感電、CPAに陥った要救助者を救出した事例である。

覚　知	平成28年７月某日14時20分
気　象	天候＝雨、風向＝南、最大風速＝9.6m/s、平均風速＝6.5m/s、気温＝26.9℃、湿度＝87.9%
発生場所	工事中の足場
出 動 隊	指揮車１台（中隊長１名、指揮調査隊１名）、救助工作車１台（救助隊３名）、ポンプ車１台（はしご隊３名）、屈折はしご付消防ポンプ車（以下、「はしご車（Σ）」という。）１台（消防隊４名）、救急車１台（救急隊３名）＝計５台（15名）
119番通報内容	「20代男性が足場で感電し、意識がありません。呼吸はあります」
受 傷 者	１名

足場組み立て作業中、作業員が地上6.5mの高さで高圧線に接触した感電事故により、CPAに陥った。

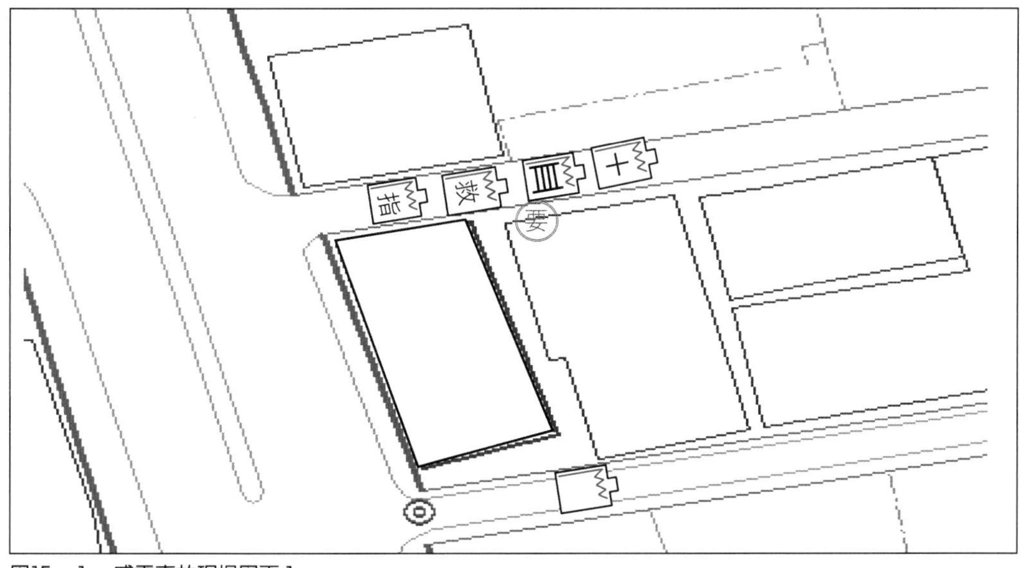

図15－１　感電事故現場図面１

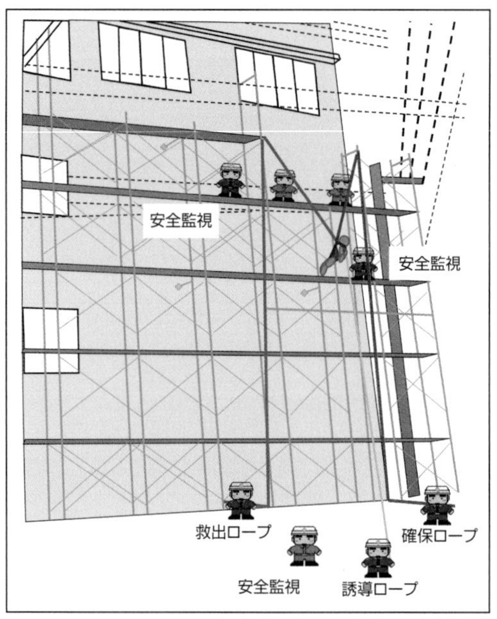

図15－2　感電事故現場図面２

活動概要

⑴　活動状況

同僚からの119番通報を受け、救急隊１隊が出動した。

出動途上、指令室に第２報が入り「要救助者にあっては高さ約５mの足場にいる」との情報を得た。現場到着間際であったため、「現場確認後、必要であれば応援要請願う」との無線を送った。

現場到着時、要救助者は地上約6.5mの足場上に腹臥位の状態で倒れており、同僚２名に支えられていた。

なお、同僚２名が要救助者が腰に装着している安全帯を使用して落下防止処置を施していた。救急隊分隊長が現場状況から、自隊だけでの活動は困難であると判断、指令室に現状を伝え応援要請をした。

指揮調査隊は出動途上、電力会社に連絡するように指令室に指示をした。

要救助者接触のため階段を探すも足場建設中のため未設置で、建物内部からも接触することが困難であったため、必要最小限の資器材を携行しパイプの結合部を利用して上階に進み、要救助者に接触した。

要救助者接触時、幅50㎝の足場上に腹臥位でCPA状態であった。仰臥位に戻しCPRを実施しようとするも、幅が狭く落下危険があるため要救助者を動かすことができなかった。

観察中、応援隊が現場に到着した。活動方針としては、要救助者の状態から早期救出が必要と判断し、はしご車（Σ）を使用しての救出方法を選定した。電線障害が考慮されたため、同時に救助隊にあっては、上階に進入し高所から低所への救出準備を行った。

はしご車（Σ）での救出については設定時、電線が障害になり角度がとれず旋回ができないため断念した。

救助隊が要救助者に接触後、ピタゴールに要救助者を収容、上部に支点を作成し地上からの確保にて地上まで下ろし救出を完了した。

写真15－１　現場到着時

写真15－２　要救助者が感電した場所

高所救助15

写真15－3　救出完了時

⑵　詳　細

指　　令	14時21分
出　　動	14時22分（救急隊）
現場到着	14時25分
活動開始	14時26分
応援要請	14時26分
出　　動	14時27分（指揮調査隊、消防隊、救助隊、はしご隊） ※消防隊にあっては指令内容からはしご車（Σ）にて出動。
要救助者接触	14時31分（救急隊）
現場到着	14時32分（消防隊） 14時33分（指揮調査隊、救助隊、はしご隊）
救出完了	14時48分

所　見

本事例は、高圧線に作業員が触れたことによる感電事故であるとともに、高所及び狭隘空間での活動を余儀なくされたことから、課題の残る事例となった。

特に、現場到着時、「関係者が要救助者に触れている＝感電の危険性がない」と判断してしまい、後続隊員も「先着隊が活動している＝安全が確保されている」との思い込みで活動を行ってしまった。その原因として、電気による災害は火災現場などと違い、五感から危険情報を得ることが困難であることが挙げられ、今後は、様々な災害に向け、適切な準備をしなければならないと改めて痛感させられた。

16 地上156mで発生した煙突点検作業中の事故

災害概要

火力発電所の煙突点検作業中の事故で、地上高約150m地点で作業員１名が負傷し、骨折の疑いがあり地上に下ろすことができないため、救助要請された事例である。

覚　知	平成27年10月某日11時36分
気　象	天候＝晴、風向＝南南西、風速＝２m/s、気温＝19℃、湿度＝66.9%、注意報等＝強風・波浪注意報発表中
出動隊	指揮隊１隊３名、救助隊１隊６名、消火隊１隊５名、救急隊１隊３名
受傷者	１名

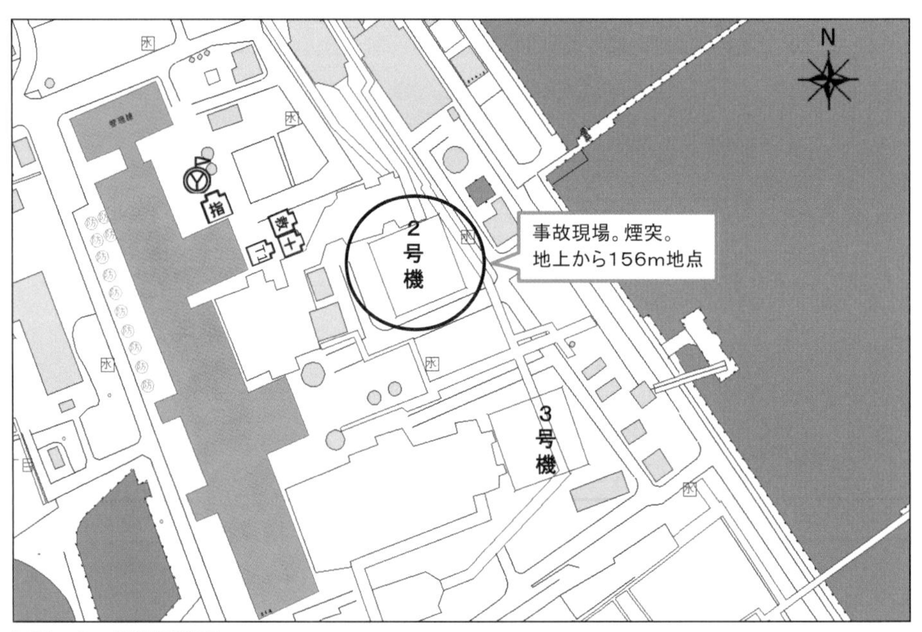

図16－１　消防活動図

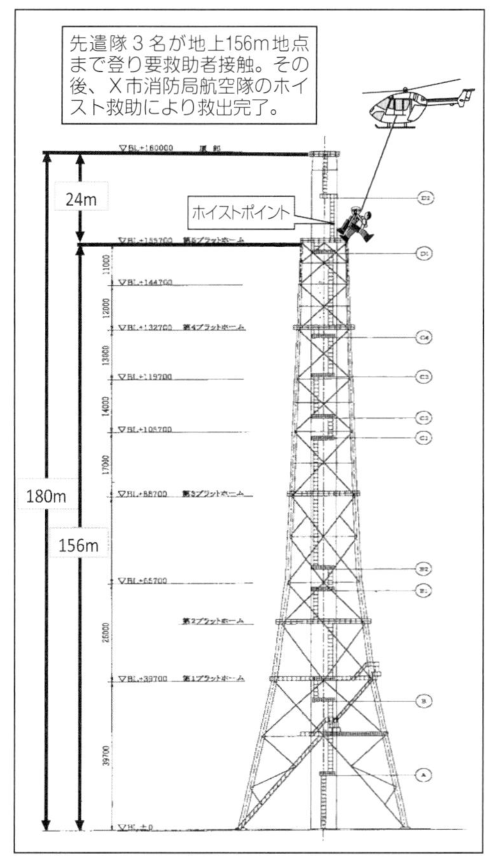

図16－２　救助活動図

写真16－１　現場写真（地上からの状況）

写真16－２　現場写真（156m地点の状況）

写真16－３　現場写真（上空からの状況）

活動概要

⑴　活動状況

現場は消防署から直線距離で約700mに位置する火力発電所の敷地内の煙突で、老朽化した煙突の保守点検作業中に発生した事故であった。

保守点検作業中の作業員から通信指令室に「煙突の約155m付近の作業場で、ワイヤーで左足を負傷し、地上に下ろすことができない」との通報を受け、出動した。

現場到着時、地上から煙突を見ても、詳細は不明であった。保守点検を実施している関係者と接触し、保守点検作業中に30代男性が、煙突の156m地点でワイヤーに左足を挟まれ骨折している疑いがあり、歩けないが意識は清明とのこと。煙突の概要は、地上高180mで、要救助者のいる156m地点まで、通常は登るだけで30分かかるとのことであった。はしごは垂直式で、交互に10基程設置してあり、落下防止の鉄枠があるため、直径約60㎝のスペースしかない状態であった。煙突は老朽化が激しく、錆びて腐食している箇所が多々あるとのことであった。

活動方針として、早期に要救助者と接触し、観察及び応急処置を実施するよう救助隊に下命し、12時00分に救助隊員３名（救急救命士を含む。）が煙突を登り始めた。

救出方法として、ロープ等を使用して地上に救出する場合、現場にある資機材及び人員による救出所要時間は３時間程度を要する見込みであり、要救助者の状態を考慮し、早期に救出するためには、ヘリコプターによるホイスト救出が最善と考えた。

しかし、県内には、防災ヘリがないため、隣接２県、自衛隊及び警察のヘリコプターの活用を検討した。要救助者が156m地点におり、そこから煙突の先端まで24mの高さがあった。強風で活動スペースも狭く、ホイスト救出の困難性が高い現場であったが、消防組織法第39条第１項（市町村の消防の相互の応援）に基づき、隣県のＸ市消防局に対し、ヘリコプターの出動を要請した。

また、煙突156m地点の作業員のトランシーバーから「左足からの出血はないが、顔色は青ざめており、寒さを訴えている。156m地点の風は北の風約５m」との詳細な情報が伝えられた。

12時32分に救助隊員は、156m地点に到着後、要救助者と接触し、要救助者の意識清明を確認した。救出のためのホイストスペースは３m×５m程度と狭く、風も強く吹いていたが、ヘリコプターでの救出が最善策と判断した。また、ヘリコプターでの早期救出ができないことも考慮し、ロープ等を使用して地上に救出するプランを考え、救助隊員及び資機材の増強を要請した。この間、要救助者をバックボードに固定し、さらにスケッドに収容し、救出準備を実施した。

12時37分にＸ市消防局から医師を同乗させ出動するとの連絡があり、13時02分に到着予定とのことであった。13時02分にヘリコプターが到着し、ホイスト救出可能との判断により、13時06分にヘリコプターから救助隊員とともにレスキューストレッチャー等の資機材が降下され、13時20分に要救助者をレスキューストレッチャーに収容、13時23分にホイスト救出を開始し、要救助者をヘリコプターに収容した。要救助者は、左下腿部開放骨折及び低体温症の疑いがあり、現場近くのグラウンドで救急車へ収容し、病院へ搬送された。

⑵ **詳　細**

現場到着	11時46分
救助開始	12時00分
救助完了	14時20分

所　見

本事例は、180mの煙突の地上高156m地点で発生したもので、早期に消防相互応援によるヘリコプターの出動を要請し対応できたため、要救助者に身体的苦痛を与えることなく、地上へ救出することができた。当消防本部では、防災ヘリ等の要請判断の項目が具体化されていなかったが、現場の判断で早期に要請したことが早期救出につながったものと考えている。

当消防本部では、県に防災ヘリがないため、管内の風力発電所（地上高約60m）事業者と連携し、高所からの救出訓練を実施しているが、地上高156m地点からの救出の経験はなく、煙突の老朽化に伴う強度低下に対する不安等があった。しかし、救助隊員は、訓練経験を生かし安全性を確保しながら煙突への進入を行い、要救助者へ接触した。

また、ヘリコプター到着後は、無線による連絡を密に実施し、X市消防局と連携した活動がスムーズに行われた。

17 山の頂上付近にある寺院で発生した救助事例

災害概要

山の頂上付近で高齢男性が意識消失した事例である。

覚　知	平成28年５月某日13時17分
気　象	天候＝快晴、風向＝南西、風速＝３m/s、気温＝27.7℃、湿度＝36%
受傷者	１名

119番入電時は「事故現場・事故内容詳細等は不明であるが、参道で高齢男性が意識消失した模様」との通報内容であった。

※Ａ山は、頂上付近の絶壁に急勾配の山道があり、鎖をつかんで登らなければならない難所が多く、救助事案が多数発生するため、Ｂ寺には自衛救助隊が置かれている。自衛救助隊は、Ｂ寺の住職をリーダーとし、職員８名で構成されており、火災・救助・救急事案発生時に出動する。

活動概要

(1) 活動状況

消防署からＡ山麓までは20分近くを要し、さらに、入山から傷病者接触までは相当の時間を要するため、指令センターはマニュアルに沿って防災ヘリの要請をした。また、Ｂ寺に傷病者発生の情報提供を行い、自衛救助隊が入山した。

いち早く駆けつけた自衛救助隊から「現場はＢ寺内のＣ堂付近（参道中腹）で、傷病者は意識を回復し座って休んでおり、出血を伴う外傷はない。自力での下山は不可能であり、Ｂ寺では既に入山制限を実施している」と指令センターに連絡があった。

指令センターは無線で出動隊の特別救助隊と防災ヘリに傷病者情報及び現場状況を送り情報の共有を行った。

特別救助隊は麓に到着し、指令センターからの傷病者情報で必要資機材を選定し入山を開始した。防災ヘリは、特別救助隊の入山から数分後にはＡ山上空に到着しており、自衛救助隊がたいた発煙筒により傷病者の位置を既に確認していた。

防災ヘリが活動（隊員降下）を開始する直前に、特別救助隊は現場到着し、投入ポイントの確認、周辺の安全管理（他の入山者の危険排除）、さらに、傷病者の人定を聴取し観察を実施した。
結果、外傷は確認できなかったが内科的な疾患が疑われるため、管内の災害拠点病院（ヘリポート完備）を手配した。また、観察結果及び収容病院の手配完了を防災ヘリに無線送信した。
特別救助隊は、防災ヘリ収容の活動に入るが、設定したピックアップポイントまで約100m上りの傾斜地移動が必要であり、傷病者の独歩・介助による移動は困難と判

写真17－１　現場への出動状況

写真17－２　急勾配な坂の状況

写真17－3　救助風景

断し、バスケット担架収容でピックアップポイントまでの移動を決定した。

傷病者の移動が完了し、降下した航空隊員と周囲の安全を確認した後に防災ヘリに収容した。防災ヘリは災害拠点病院に向かい、特別救助隊は自衛救助隊とともに下山した。

⑵　詳　細

麓に到着	13時44分特別救助隊
入山開始	13時46分
防災ヘリ到着	13時50分
傷病者接触	14時05分
救助完了	14時15分

所　見

今後もこのような事案が発生した場合、関係機関とともにスムーズな活動を行いたい。

また、多種多様な災害に対応するためには、防災ヘリの有効活用と住民との協力が必要不可欠である。さらに、他の関係機関との連携強化を図る訓練を重ね、あらゆる災害に対応したい。

18 バックカントリーでの遭難から時間が経過し、要救助者の疲労が懸念された事故

災害概要

男女２名が、日帰りの予定でバックカントリー（以下「BC」という。）を計画してA山に入山し、翌日になっても帰宅せず家族から捜索願が出され、翌々日に救助隊によって救出した事例である。

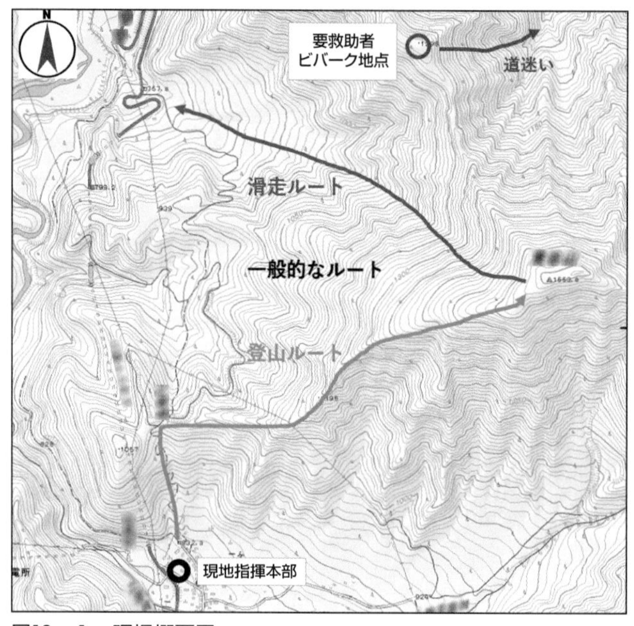

図18－１　現場概要図

覚　　知	平成29年３月某日20時35分（警察電話）
気　　象	（平地）消防本部観測 天候＝雨、風向＝北北東、風速＝0.9m/s、気温＝2.9℃、降雪量＝１㎝、積雪量＝１m62㎝、注意報等＝なだれ注意報、濃霧注意報
山中の気象 （ヘリコプターでの救助が望めない状況）	天候＝雪、風速＝平均５ｍ（最大10m）、気温＝マイナス４℃、降雪量＝５㎝、積雪＝２ｍ以上、視界＝５～20m
発生場所	A山（1,553m）

出 動 隊	指揮本部５名（消防２名、警察２名、役場１名）、入山隊８名（消防６名、警察１名、民間救助隊１名（雪崩業務従事者レベル1、日本山岳ガイド協会認定、登山ガイド・スキーガイドステージⅡ有資格者））
受 傷 者	２名

活動概要

(1) 救出計画

悪天候のためヘリコプターの飛行は不可、地上隊による救助活動とした。警察の情報により要救助者の位置情報が特定できていたため、無線連絡員としてBC対応可能な警察官１名が同行した。消防は要救助者接触後の救助活動に専念するため、地元BCガイドをしている民間救助隊員１名に搬送ルート選定となだれリスクマネジメントを任せることとした。

ヘリコプターが飛行できない悪天候のなか、要救助者が自力下山できるよう活動することを優先した。万が一自力下山できない場合はスケッドストレッチャーに収容し、雪上を滑らせながら搬送することを考慮した。

(2) 人　選

本救助活動の人選は、BC資器材の取扱いはもとより、山岳地での滑走が可能なこ

写真18－１　発見時、雪洞上部から

と、なだれリスクマネジメントができる雪山の経験が豊富な隊員であることが二次災害を防ぐ上でも絶対条件であった。

また、同行する民間救助隊員は、町役場により適任者の選出が行われた。

(3) 資器材選定

要救助者と連絡は取れたものの、行程計画を確認する限り軽装で入山しているため、水分や食料は少なく、疲労と低体温による行動不能が推測できた。そのため、早く要救助者へ接触する必要があり、現場までのアクセスには山スキーを選択した。

また、要救助者へ与える水分や食料をはじめ、低体温から回復させるための加温、保温できる資器材や、万が一、自力下山できない場合の搬送資器材を中心に選定した。

加温：ストーブ・コッヘル・保温ポット・折りたたみ水筒

保温：エアマット・シュラフ・ツェルト・ブルーシート

食料：カップ麺・スープ・おにぎり・チョコレート・どら焼き・ゼリー

搬送：スケッドストレッチャー一式

(4) 活動状況

当消防本部は全ての救助隊員が救急課程修了者であり、応急処置が可能であるが、さらに２名の救急救命士が出動した。救急救命士の観察により２名とも軽度の低体温症と判断し、搬送準備よりも温かい飲み物や食料を与え体力の回復を最優先に活動を開始した。折りたたみ水筒にお湯を入れて湯たんぽを作り、加温しながら、ブルーシート、シュラフ、ツェルト等で保温を実施し、温かい食料（カップ麺、スープ、おにぎり、チョコレート）を中心に与え体力の回復を図った。

※活動根拠

出典：総務省消防庁

「御嶽山噴火災害を踏まえた山岳救助活動の高度化等検討会報告書」P.187

「偶発性低体温のための院外評価と治療のための提言」に記載

写真18－２　女性に食料を与えている様子

写真18－３　男性に加温、保温している様子

写真18－４　BC救助用具一式

(5) 詳　細

7時30分	消防署にて消防、警察、役場、民間救助隊と対策会議を開始。
7時33分	会議中に警察から、遭難者の生存と位置情報が判明との連絡あり。 【要救助者情報】 ・60代男性　疲労と震え ・50代女性　疲労と震え、両足の痙攣（けいれん）（歩行不可）
8時23分	救助出動
9時05分	消防６名、警察１名、民間救助隊１名で入山を開始。
11時05分	Ａ山山頂付近到着、要救助者がいると思われる北西方面へ進行。
11時50分	雪洞でビバーク中の要救助者を発見。60代男性は寒さによる震えと疲労を訴えていたが自力歩行可であった。50代女性は寒さによる震えと疲労に加え、両足の痙攣を訴え自力歩行不可であった。 ２名とも疲労と震えがあったため、お湯を入れた折りたたみ水筒で加温、ツェルト・シュラフ等で保温しながらカップ麺等の食料を与え、低体温状態からの回復を図った。
13時30分	接触から約１時間半後、自力歩行できるまでに体力は回復、救助隊とともに２名ともスキーで下山を開始した。
14時52分	無事救助完了し、救急隊に引き継いだ。

所　見

本事例は当消防本部の取組がもたらした奏功事例の一つと考える。

要救助者が生存しており、110番通報が行えたことから位置情報が判明したものの、悪天候によりヘリコプターの飛行が不可能であった。要救助者への早期接触を図るため、山スキーを選択して入山し、要救助者接触後の観察結果から軽度の低体温症を推測し、加温・保温を実施しながら食事を与え、要救助者の体力の回復を図り、自らの力で滑走することができたことによる奏功事例であった。

活動隊は消防・警察・民間救助隊の混成隊であったが、日頃からの合同訓練等により各機関がそれぞれの任務を果たし、連携の取れた活動ができた。

19 山菜採取中に沢へ滑落した事故

災害概要

某日８時30分頃から男性２名が徒歩で入山、スキー場リフト西側国有林内で山菜採りをしていたところ、沢に面した斜面で男性１名が約５ｍ滑落し受傷した事例である。

覚　　知	平成30年５月某日11時02分
気　　象	天候＝晴、風向＝南、風速＝4.5m/s、気温＝19.8℃、湿度＝68.1%
発生場所	スキー場第３リフト降り場北西側国有林内
出 動 隊	指揮車１台、救助工作車１台、消防団指揮車１台、救急車１台、水槽付ポンプ車１台（計12名）
受 傷 者	１名

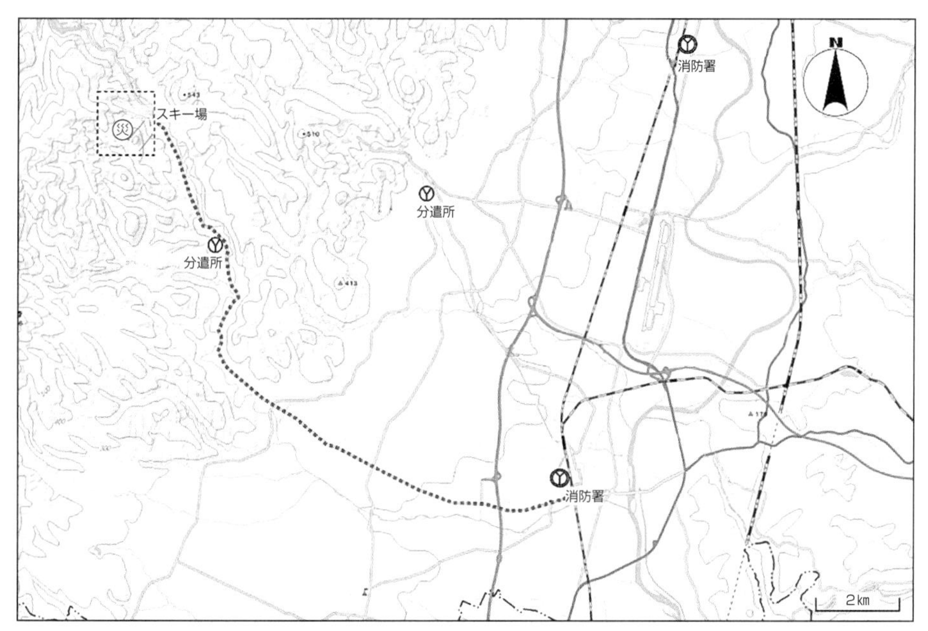

図19－１　現場付近図

山岳救助19

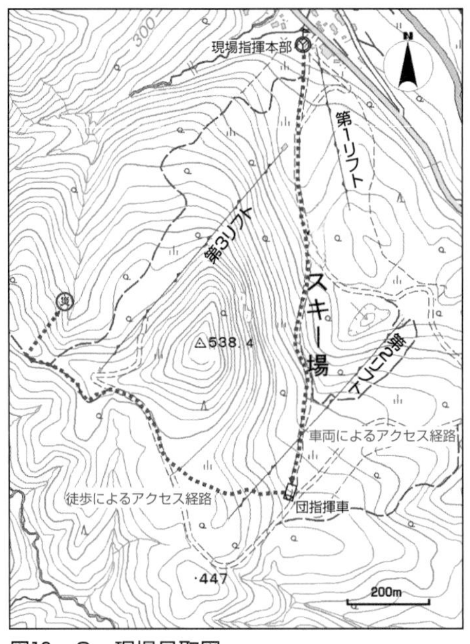

図19－2　現場見取図

活動概要

(1) 活動状況

写真19－1　現場状況（北側から撮影）

山岳救助指令を受け、ポンプ隊、指揮隊、救急隊、救助隊、さらに、救助隊のうち２名を山道走行可能な消防団指揮車（以下「団車両」という。）に編成し出動した。出動途上、要救助者接触まで時間を要すると判断し防災ヘリの出動要請を行った。スキー場到着後、先着ポンプ隊と合流し活動拠点を設定、活動方針を確認した。団車両に救助隊４名とポンプ隊１名の計５名が乗車し先行するも、第２リフト降り場東50m付近で悪路により走行を断念した。地面は、前日に降った雨の影響で湿気を含んでいる状況であった。積載していた山岳救助資器材及びバックボード、バスケット担架を携行しゲレンデを徒歩にて移動すると、第３リフト降り場で通報者と接触、さらに、ホイスト降下した防災航空隊員２名と合流し現場に向かった。山林を約100m西に進み、滑落現場付近の山道に到着した。山道は斜度約50度の山腹に位置し、幅員は２ｍ程度であった。通報者情報による滑落現場は、斜面を150ｍほど下った沢沿いであったことから、周囲の立木に支点を作成し山道側のロープ操作によって各隊員が80ｍ地点まで進入した。到着地点の下方70ｍに沢を確認するも要救助者は視認できなかった。沢にかけて更に斜度が増していたことから、降下と迂回の二手に分かれ捜索を続行すると、間もなく沢沿いで左足を受傷し歩行不能であった要救助者を迂回した隊が発見した。幸い20ｍほど移動した地点に木々の隙間があったため、背負い搬送で移動し防災ヘリのホイストにより救出完了した。

写真19－２　防災ヘリによる救助（山道から撮影）

⑵　詳　細

出　　動	11時04分
先着隊到着	11時09分
防災ヘリ要請	11時17分（県防災航空隊）
救助隊到着	11時22分
入山開始	11時23分
防災ヘリ到着	11時43分
通報者と接触	11時51分
防災ヘリ一時帰投	11時56分
要救助者発見	12時30分

ピックアップ完了（防災ヘリ）	13時00分
防災ヘリ病院到着	13時09分

所 見

本事例は、過去に同区域で発生した山林火災での実績を基に、初動時から山道走行可能な団車両を出動させたこと、通報者の所在位置が携帯を通して特定できたこと、滑落距離が短かったこと、ピックアップポイントが直近にあったことが功を奏し早期救出につながった。本来、山岳救助事案の多くは予測困難な険しい状況下で発生し、移動、救助、搬送など、地上隊にかかる労力は多大であり、また、二次災害リスクが伴う大変な作業となる。昨今、山岳地域での通信エリア拡大に伴う要救助者位置の特定、防災ヘリによる救助技術の向上で地上隊の負担は大きく改善されているものの、発生時の天候や時間帯、発生場所によっては、これらの利点を生かすことができず地上隊のみで活動することも少なくない。

本事例では、要救助者の負担を考慮し、短時間で行えるスタティックロープでの引揚救助を第一選択とし活動に当たった。状況変化の激しい山岳においては、登山技術に加え、その場に適した効果的な対応が求められる。不測の事態も考慮すると、臨機に対応できる、訓練を積んだ経験値の高い隊員が必要である。山岳に限らず、都市部においても高低差のある現場は多分に想定され、日々の訓練や他機関の講習などで、技術の向上及び経験値の均一化を図ることが、これまで以上に必要であると改めて感じた。

20 登山中に足を滑らせて約20m滑落した事故

災害概要

70代の夫婦が市内の山を登山中、妻が誤って足を滑らせ尾根上から斜面を約20m滑落、夫が救助要請した事例である。

覚　知	平成30年11月某日13時20分
気　象	天候＝晴、風向＝東北東、風速＝２m/s、気温＝15.9℃、湿度＝57%
発生場所	登山コース
出動隊	指揮隊１隊、消防隊１隊、救助隊１隊、救急隊１隊
受傷者	１名

山岳事故が発生したのは、標高約300mで山中から眺める景色もよく、多くの人が訪れている市内でも人気の登山コースであり、過去何度も山岳事故が発生していることから、当消防本部は、繰り返し訓練を行ってきた経緯がある。

活動概要

(1) 活動状況

現場は直近の消防署から北東約3.1㎞に位置する山中であり、指揮隊・消防隊・救助隊・救急隊の４隊は麓の寺院に集結し情報共有を行った。女性１名が誤って足を滑らせ滑落したとの情報から、航空隊との連携が必要になる可能性を考慮した指揮隊の要請で、通信指令課から当県消防防災航空隊へ山岳事故の情報を提供した。なお、当県消防防災航空隊は機体整備で運航休止中のため、相互応援協定により隣接するＸ県防災航空隊が対応するとのことであった。指揮隊の活動統制後、各隊は入山を開始、入山から28分後、山頂付近で滑落した女性の夫と接触、状況聴取を行い、夫の説明を受けた場所から下方を見ると、尾根から約20m下の斜面にいる要救助者を発見した。要救助者の状況から、指揮隊は航空隊の出動を要請、Ｘ県防災航空隊と連携することとなった。

指揮隊の活動統制により、救助隊はロープレスキューによる倍力システムを設定、救助隊員１名、消防隊員１名、救急救命士１名を降下させ、要救助者の観察及びスケッドストレッチャーへの収容後、尾根まで救出した。要救助者救出後ピックアップポイントまで搬送、X県防災航空隊に引き継ぎ、要救助者は市内の場外離着陸場で救急車へ収容され、市内の三次救急指定病院へ搬送された。

写真20－１　活動状況①

写真20－２　活動状況②

写真20－３　ロープ設定状況

⑵　詳　細

活動開始	13時45分
要救助者発見	14時13分
要救助者救出完了	14時49分
防災航空隊到着	15時19分
活動終了	16時39分

所　見

本事例は、当消防本部が繰り返し訓練を行ってきた登山コースで発生した事故で、訓練により培われた経験が生かされ円滑に活動できた事例であり、改めて訓練を継続することの重要性を感じた。

21 河川における水難事故

災害概要

水深約４ｍの橋脚付近で川遊びしていた中学生３名のうち１名が溺れ、近くでバーベキューをしていた人（他県在住）が通報したものである。

覚　知	平成26年８月某日14時10分
気　象	天候＝晴、気温＝35.4℃、湿度＝50.2%、水温＝18℃（14時現在）
発生場所	橋脚付近の河川（水深約４ｍ）
出動隊	指揮隊（指令車）２名、消防隊（資機材搬送車）３名（水難救助隊１名含む。）、救助隊（救助工作車）３名（水難救助隊１名含む。）、救急隊（救急車）３名、水難救助隊（人員輸送車）５名、ドクターヘリ、県消防防災航空隊ヘリ（※途中、要請解除となる。）
受傷者	１名

活動概要

(1) 活動状況

水難事故の出動要請を受け、指揮隊・救助隊・救急隊・消防隊・水難救助隊で出動した。この時点で、非番職員の水難救助隊６名を招集した。指揮隊が現場到着し通報者及び一緒に川遊びをしていた中学生２名と接触、状況を聴取したところ、橋脚付近で溺れている友達１名を目撃したとの情報を得た。水没箇所等を聴取、検索重点箇所を選定し、この時点で県消防防災航空隊を要請した。救助隊活動概要にあっては、救助指揮艇準備及び潜水隊管理の下命を受けた。救急隊は、目撃内容等から救助完了が早い可能性があるため、気管挿管及び静脈路確保、保温の資器材を準備し待機した。当消防本部管轄ではCPAの場合、直近二次病院搬送と定めているが、本事案の事故発生状況や時間経過から蘇生の可能性が高いと判断し、救急隊長がドクターヘリを要請した。水難救助隊と救助艇の準備が整い、橋脚付近で溺れたとの情報から水難救助隊３名で検索開始した。救助艇は、要救助者が流される可能性もあり下流で待機した。検索開始約２分後、水難救助隊２名は要救助者を発見し、２分後に左岸側に救助完了した。待機していた救急隊に引継ぎCPRを実施し、吸引、気管挿管及び静脈路確保の処置を実施後、車内収容し、ランデブーポイントへ搬送した。ドクターヘリは、救急隊現場離脱と同時刻にランデブーポイントに着陸していた。救急隊は２分後、フライトドクターに要救助者の引渡しを完了した。

写真21－１　現場となった川付近の状況

写真21－２　橋脚付近の状況

⑵ 詳　細

出　動	14時15分
現場到着	14時18分
活動開始	14時19分 ※指揮隊＝状況確認、救助隊→救助艇準備、救急隊→要救助者救助後処置準備、水難救助隊→潜水準備
活動終了	15時21分

所　見

当消防本部管轄では、水難事故が毎年数件発生している。ほとんどの水難事故（河川）は、「釣りに行って戻っていない」、「釣り人が、流されていく人を見た」といった事案で、水没箇所の目撃情報がある事案は初めてであった。本事例では、各隊が少しでも無駄のない活動をすることが大切だと痛感した。

22 海岸で遊泳中に沖合に流された水難事故

災害概要

友人グループ８名が海で遊泳していたところ、女性１名が沖合に流され岸に戻れなくなったものである。

覚　知	平成28年８月某日15時57分
出 動 隊	出動車両＝指揮車１台、ポンプ車１台、救助工作車１台、水難救助車２台、救急車１台、ドクターカー１台、防災ヘリ１機 出動人員＝消防職員22名、医師１名、看護師１名、県防災航空隊員（以下「航空隊員」という。）６名
119番通報内容	「海で遊泳中、10代の女性１名が流されてしまい、岸に戻れなくなりました」
受 傷 者	１名

活動概要

(1) 活動状況

現場は、最寄りの消防署から1.6kmの太平洋が一望できる海岸であるが、当市が指定する海水浴場ではなかった。

通報時の状況及び指令勤務員の即座の判断により、県防災航空室へ防災ヘリの出動を要請した。

先着消防隊が到着すると、一緒に遊泳していた友人数名が海岸で待機していたため、その友人の情報に基づき要救助者が流されていると思われる場所を海岸からスコープを使用した検索活動を開始した。

しかし、数日前に付近を通過した台風の影響により、波高が高く要救助者の位置を特定するには至らなかった。

次に、指揮隊が到着し現場に指揮本部が設置されると、大隊長から後着隊と連携した要救助者の位置特定及びドクターカー要請の下命がされた。

その後、高台から検索していた隊員が沖合約50m付近に自力で浮いている要救助者を発見したが、高波の影響により現われては消えてしまう視認状況であった。このため、高台から要救助者の位置を捉えている隊員、海岸にて要救助者の位置を水難救助隊員へ伝える隊員、そして要救助者の救助に向かう水難救助隊員と役割を分担する活動方針が決定された。

救助活動は、３名の隊員で入水したが、高波の影響により要救助者への接近に支障があったため、近隣の飲食店にあったサーフボード（ロングボード）を借用して救助活動を再開した。サーフボードは、サーフィン経験者の救助隊員１名が使用して要救助者への接近を試みた。

サーフボードの使用が功を奏し、スムーズに要救助者に接近・確保することができた。幸いにも要救助者の意識はしっかりしていたため、要救助者をサーフボードに固定し、容態観察を継続しながら防災ヘリの到着を待った。

その後、防災ヘリが現場上空に到着し、航空隊員１名がホイストにて降下、要救助者を確保後、スライドさせながら海岸まで要救助者を移動させて救助完了し、ドクターカー医師の処置を受けながら三次救急医療機関へ搬送された。

写真22－１　現場となった海岸の状況

⑵ 詳　細

指　　令	15時58分
出　　動	15時59分
防災ヘリ要請	16時00分
現場到着	16時02分
救助開始	16時03分

ドクターカー到着	16時21分
水難救助隊３名入水	16時25分
要救助者確保	16時28分（水難救助隊）
防災ヘリ到着	16時28分
防災ヘリホイスト開始	16時30分
救助完了	16時32分
ドクターカー収容	16時33分

写真22－２　水難救助隊員が要救助者を確保している状況

写真22－３　航空隊員が降下し要救助者を縛着している状況

写真22－４　航空隊員とスライド移動している状況

写真22－5　砂浜に移動し救助完了

所　見

本事例は、119番入電時から早期の的確な判断により各部署・関係機関との間でバトンがスムーズに渡され、日頃の訓練が生かされた活動であった。

当市は、海岸線を臨む地理状況から管内に海水浴場が６か所あり、海水浴シーズンには、監視員を配置し事故防止に努めている。しかし、本事例のように海水浴場以外で発生した場合は、発見、通報が遅くなり、時として最悪の事態を招く場合がある。

このため、被害を最小限に防ぐためにも現場の状況を的確に把握するとともに、関係機関と協力体制を密にしながら常に円滑な活動を心掛けなければならないと感じた。

23 高さ約20mの岸壁から海面に転落した水難事故

災害概要

岸壁から景色を観覧中、高さ約20mの位置から海面に転落したものである。

覚　知	平成29年８月某日８時00分
発生場所	国立公園内に直立する長さ２㎞、高さ20～40mに及ぶ柱状節理の大岩壁
気　象	天候＝曇、風向＝南、気温＝28.5℃、湿度＝77%、満潮＝７時43分、20時10分、干潮＝１時41分、13時56分
出動隊	指揮車１台（大隊長１名、隊員１名）、救助工作車１台（中隊長１名、小隊長１名、水難隊員２名）、高規格救急車１台（小隊長１名、隊員２名）
出動要請機関	県防災航空隊（防災ヘリ１機）、海上保安部（警備救難艇１艇）、国立病院（ドクターカー１台）
受傷者	１名

活動概要

⑴　**活動状況**

「女性が岸壁海面で泳いでおり、助けてと叫んでいる」との釣り人からの119番通報を受け、指揮隊、救助隊、救急隊が出動した。出動途上、防災ヘリ、海上保安部及びドクターカーに出動要請した。活動方針は、人命救助最優先とし、出動隊員の安全管理の徹底を図ることとした。現場到着後、救助隊中隊長が先行し岸壁から約50m沖の海面上に浮いている要救助者を確認した。

救助は、要救助者の確保を最優先で行い、引揚げについては、防災ヘリ又は海上保安部警備救難艇への引継ぎを考慮しつつ、救助隊による引揚げ救助も念頭に置いた活動を開始した。

水難隊員は洞窟エレベーターで洞窟内まで移動し、洞窟から水面へエントリー後、要救助者まで泳いで向かい、レスキューチューブで確保した。初期評価を実施したところ、意識は清明で外傷は見当たらなかったが、海面は波のうねりが非常に高く、岩場への引揚げは困難を極める状態であった。

救助方法は、防災ヘリ、海上保安部警備救難艇の現場到着時間と、救助隊の引揚げ時間とを比較し防災ヘリでの救助が最も早いと判断し、防災ヘリによるスライド救助とした。防災ヘリが現場上空に到着後、要救助者を防災ヘリでピックアップし、スライドポイントで待機していた救急隊及びドクターカー医師に要救助者を引き継ぎ、救助活動を完了した。

写真23－１　岸壁全景

写真23－２　洞窟（水難隊エントリーポイント）

水難救助23

⑵ 詳　細

指　　令	8時01分
出　　動	8時03分
現場到着	8時07分
活動開始	8時08分
要救助者確保	8時14分
ドクターカー現場待機	8時29分
防災ヘリ現場到着	8時34分
防災ヘリ活動開始	8時35分
防災ヘリ活動完了	8時39分
救急隊及びドクターカー医師観察開始	8時39分

写真23－3　県防災航空隊による救助風景

写真23－４　要救助者スライドポイント

所　見

本事例で実施したスライド救助とは、岸壁近くに引継ぎポイントを設け、要救助者のピックアップ後、防災ヘリ機内に収容することなく直ちにそのポイントに要救助者及び隊員を降下させ、救急隊及びドクターカー医師に引き継ぐ当該岸壁救助事例特有の救助方法である。

事故当日は観光客も少なく、付近の安全が容易に確保できたため、防災ヘリによるスライド救助が可能であり、迅速な要救助者の救助活動が実施できたと思う。また、年間を通して、海上保安部と実現場での合同訓練や救助隊による岸壁からの引揚げ救助訓練、水難隊及び潜水隊による溺者救助訓練等を実施しており、要救助者を安全・確実に救助できるよう日々研磨している。

24 遊泳禁止区域における水難事故（他機関と合同で捜索した事例）

災害概要

遊泳禁止区域の海岸に海水浴に来ていた高校生３名が、沖合で行方不明となり、２日間にわたって他機関と合同で捜索活動をした水難救助事例である。

覚　知	平成29年８月某日10時59分
発生場所	海岸から沖合約150m地点
出 動 隊	一次出動＝指揮隊（３名）、救助工作隊（５名、うち水難救助隊員３名）、水槽隊（５名）、Ａ救急隊（３名）、Ｂ救急隊（３名）、災害救援隊（３名、うち水難救助隊員２名） ※後に増強水難救助隊員２名を搬送 特命出動＝ポンプ隊（３名）、資材搬送隊（４名、うち水難救助隊員３名）、化学隊（３名）、計９隊34名 他機関＝警察、海上保安部、県防災航空室、応援市消防局、ライフセービングクラブ
受 傷 者	３名

活動概要

(1) 現場の状況

「海岸から約150m沖合で、男性３名が溺れたようで姿が見えない」との通報により、直近消防隊である水槽隊が最先着し、水難救助隊員を有する救助工作隊は覚知から25分後に現場到着した。現場となった遊泳禁止区域の海岸は、岸から消波ブロックまで約250mで、約100m沖合までは水深が１m程度の遠浅であるが、要救助者が溺れた地点は水深が２mを超え、消波ブロック付近の水深は約４mであった。また、事故当日の海は波が高く、風速は10mを超える状況であった。

(2) 活動状況

ア 捜索１日目

県消防防災ヘリコプターによる上空からの捜索を行うとともに、１回目の捜索は、要救助者が底波によって目撃情報の位置から消波ブロック付近へ流されていると考え、現場到着していた警察のダイバーと合同で消波ブロック沿いに基線捜索を実施したが要救助者の発見に至らず、２回目以降の捜索は、関係者から聴取した情報を踏まえ、現場到着した海上保安部及び応援市消防局のダイバーを加え、目撃情報付近を中心に捜索範囲を拡大することとした。３回目の捜索から現場付近の海水浴場のライフセーバーの協力で、水上オートバイを使用してダイバーが捜索場所まで移動することが可能となり、集結した各機関とともにダイバーを入れ替えながら、環状捜索及びジャックスティ捜索を計５回実施したが要救助者の発見には至らず、日没のため活動を中断した。

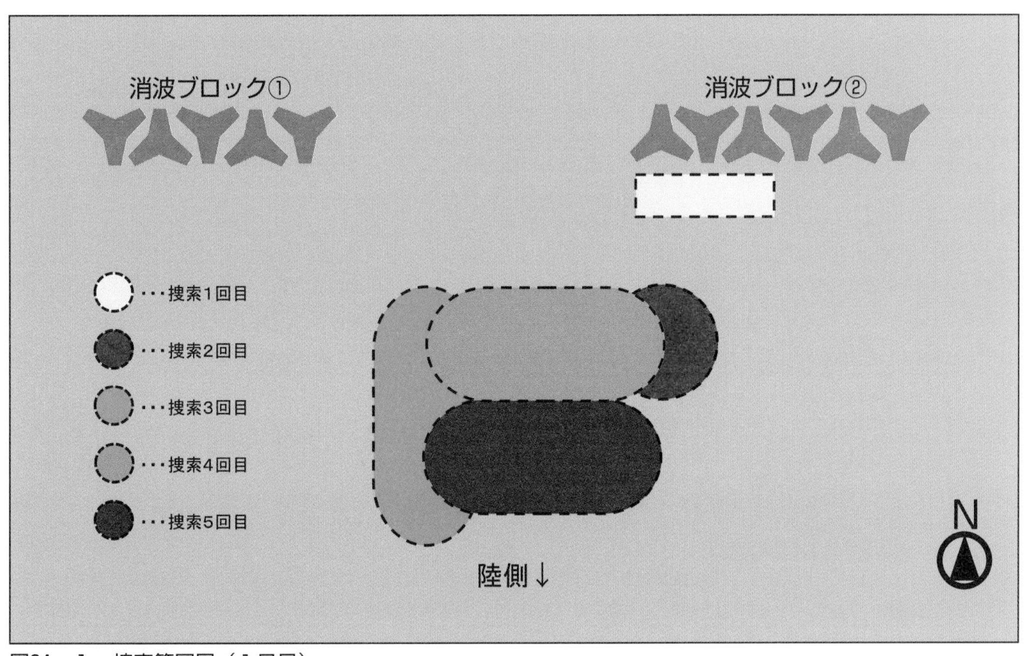

図24－１　捜索範囲図（１日目）

イ　捜索２日目

１日目の荒れた状況とは一転し、凪で海中の視界が良好のなか、１回目の捜索は、当消防本部、警察及び海上保安部のダイバーが合同で水面から広範囲に捜索することとし、消波ブロックから陸側に30mの位置に東西に90mの長さの基線を設定後、索長20mのジャックスティ捜索を実施したが、発見には至らなかった。

２回目の捜索では、１日目の悪海況から再捜索が必要と考え、水上オートバイに曳航（えいこう）されながら、当消防本部４名で広範囲の曳航捜索を実施、また、同時に警察５名のダイバーは消波ブロック①（図24－２）、海上保安部のダイバー２名は消波ブロック②を捜索し、消波ブロック②西端付近の非常に視界が悪く海藻やごみだまりがある地帯で要救助者１名を発見、水上オートバイにて岸へ搬送した。

１人目の要救助者が発見されたことにより、３回目以降の捜索にあっては、海藻やごみだまりがある付近一帯を中心に捜索することとし、３回目の捜索では、消波ブロック②西端から消波ブロック①東端にかけて基線を設定し、索長20mのジャックスティ捜索を実施、要救助者の発見には至らなかったものの、４回目の捜索で基線を陸側に10m移動してジャックスティ捜索及び環状捜索を実施したところ、１人目の要救助者を発見した位置から岸側に約10m付近で２人目の要救助者を発見した。さらに、５回目の捜索で基線をさらに陸側に10m移動してジャックスティ捜索を実施した結果、２人目の要救助者を発見した位置から岸側に約10m付近で３人目の要救助者を発見し、３名全員の救助活動を終了した。

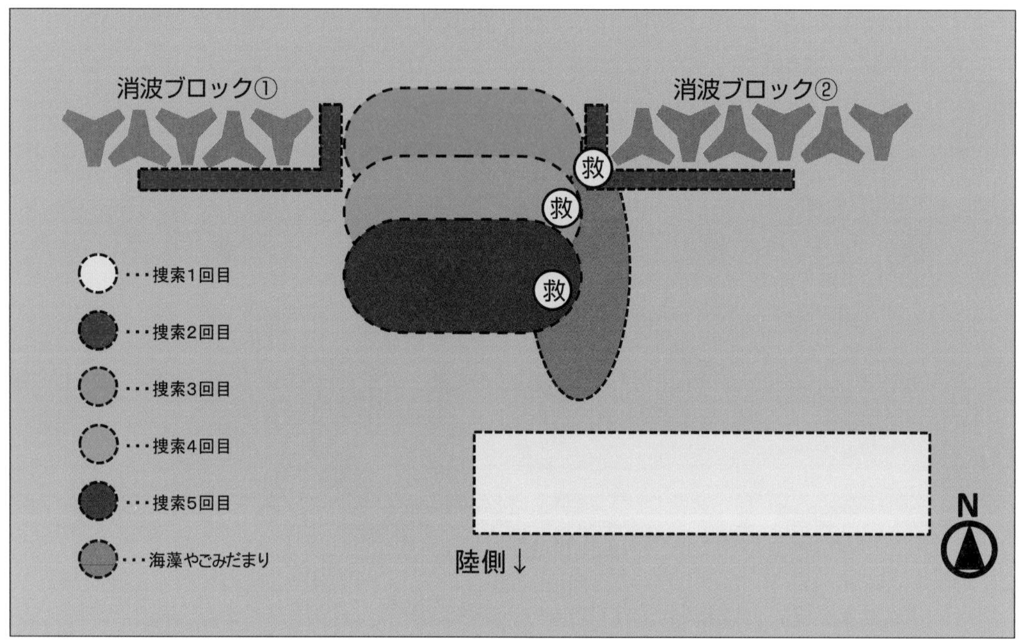

図24－２　捜索範囲図（２日目）

⑶　**詳　細**

捜索１日目

指　　令	11時01分
最先着隊現場到着	11時09分（水槽隊）
救助工作隊現場到着	11時24分（救助工作隊）
捜索開始	11時40分
捜索中断	18時20分（日没）

捜索２日目

捜索再開	５時30分
要救助者発見	６時52分（２回目捜索）要救助者１人目発見（死亡状態　不搬送） ９時00分（４回目捜索）要救助者２人目発見（死亡状態　不搬送） 11時23分（５回目捜索）要救助者３人目発見（死亡状態　不搬送）
活動終了	11時33分

写真24－１　活動状況①

写真24－２　活動状況②

所　見

本事例では他機関と合同で捜索を行ったが、この捜索をスムーズに行うことができたのは、当消防本部が平成21年から他機関との合同訓練を積極的に行ってきたことが考えられる。

合同訓練は夏季にビーチ訓練、冬季には氷下潜水訓練を実施しており、後日、事後検討会を開催し、検討結果を次年度の訓練に生かしている。

また、ビーチ上の長距離移動の時間短縮と、体力消耗の軽減を考慮し、ライフセービングクラブとも合同訓練を行い、水上オートバイを使用した移動方法及び捜索方法についても学んでいる。
　このような訓練を通じて、他機関と合同で活動することに抵抗がなくなり、お互い顔の見える関係が構築され、円滑な救助活動につながっていると実感している。

25 山間部における大型重機の横転事故（県消防防災ヘリコプターに医師搬送を要請した事例）

災害概要

町中心部から約25㎞離れた標高900mの登山口で発生した救助救急事例である。
なお、主要病院までは約60分を要する現場である。

覚　知	平成25年７月某日11時52分
発生場所	登山口から1.5㎞山頂側
出 動 隊	救助隊、救急隊、航空隊（県消防防災ヘリ）
受 傷 者	１名

河川整備工事のため、重機（パワーショベル）を現場まで移動中、工事用道路のくぼ地にはまって車体が傾き、はずみでオペレーターの左脚が運転席から飛び出し、左足首が重機のステップと路肩コンクリート壁に挟まれた事故であった。

活動概要

(1) 活動状況

本事例を覚知し、出動と同時に県消防防災ヘリの出動を要請し現場に急行した。現場へは、河川敷の仮設道路を使用しなければならず、緊急車両での走行は、困難を強いられた。救急隊が現場到着し同時に目に入った状況は、重機が30度ほど傾きキャタピラ部分が道路に埋まっており、運転席が半分しか見えない状況であった。オペレーターの左脚は、運転席のステップと路肩のコンクリート壁に足首付近で挟まっており、足先が確認できない状況まで押し潰されていた。重機のキャタピラは地面に接しておらず、不安定な状態のところオペレーター自らがアーム操作でバランスを取っていた。救助隊到着と救助に要する時間を考慮し、救助までの応急処置と救助後の処置のため、航空隊に現場への医師搬送（救命救急センター医師）を要請した。

救助隊が現場到着し、救急隊長からの情報を得て、現場の状況と要救助者であるオペレーター１名を確認した。傾いた重機のキャタピラ下部は道路が陥没、また、路肩のコンクリート壁は幅約60㎝と作業スペースが狭く、隊員の安全管理を第一に安全帯及びテープスリングによる自己確保を徹底の上救助活動を開始した。

リフトバック（空気式救助器具）を挟まれているオペレーター左足の両側に設定し重機の傾きを制限した上でエンジンの停止を指示した。さらに、スプレッダー（油圧式救助器具）を使用し展開を実施したが、間隙を作るに至らなかった。リフトバックで重機の安定を図りながら、路肩のコンクリートを電気ハンマードリル及びストライカー（携帯用コンクリート破壊器具）により破壊し、間隙を作り救助した。

写真25－１　事故発生現場の状況

写真25－２　要救助者が挟まれていた位置

医師が現場到着後、要救助者を観察し静脈路確保等の医療行為も考えたが、救助間近と判断し、救助活動を優先した。要救助者救助後は、救急車内において医師が静脈路を確保し、左下肢開放性骨折の応急処置、心電図モニター等で容態を監視しながら、消防防災ヘリへ傷病者を引き渡し病院へ搬送、活動を終え帰署となった。

写真25－３　スプレッダーによる救助活動

写真25－４　コンクリートを破壊し、間隙を作り救助

(2) 詳　細

現場到着	12時28分（救急隊・航空隊）
医師要請	12時40分
現場到着	12時52分（救助隊）
救助開始	12時55分
医師現場到着	13時27分（県消防防災ヘリにて）
救助完了	13時32分
傷病者車内収容	13時34分
傷病者引継ぎ搬送	13時57分（県消防防災ヘリにて病院へ）
医療機関収容	14時10分

所　見

山間部での労働災害事故は、想像できない事案が多くあり、状況に応じた救助方法を選択し、最善を尽くすと同時に、隊員の活動上の安全を確保しなければならない。

本事例は、現場到着までに時間を要すること、活動中に重機がさらに傾くことによる二次災害の危険があったこと、狭い活動スペースのなかで救急隊、救助隊、医師が連携し救助したことを考えると特異な事例であったと思う。そのなかでも、「安全管理の徹底」を実践し、要救助者を迅速に救助できたことは、常日頃からの訓練成果だと実感した。

26 水が満たされたダムの導水管に作業員が転落した事故

災害概要

ダムの建設工事現場において、作業員が建屋内の導水管に誤って水中転落（約15m）し、救助までに８時間もの時間を要した救助事例である。

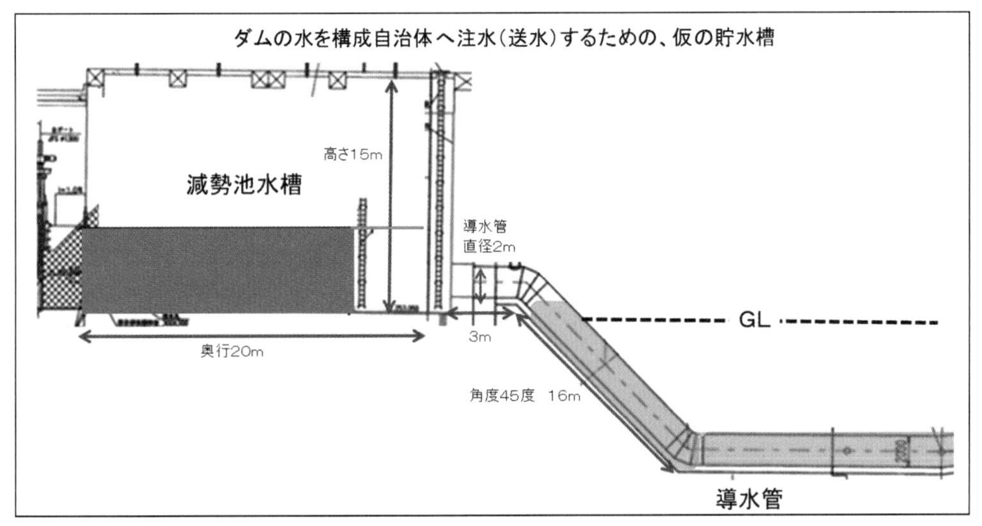

図26－１　減勢池水槽図面

覚　　知	平成26年１月某日11時16分
気　　象	天候＝雪、気温＝マイナス６℃、風速＝1.2m/s　※激しくふぶいたりやんだりの繰り返し
発生場所	ダム建設工事現場　減勢池水槽内
出 動 隊	指揮隊１隊、救助隊１隊、救急隊１隊、消防隊１隊、活動支援隊３隊、合計７隊19名
119番通報内容	「建屋内の導水管に作業員が落ちた。初めは反応があったが今は反応がない」
受 傷 者	１名

活動概要

⑴　現場の状況

現場の「減勢池水槽」は、高さ約15m、奥行き約20mの巨大な貯水槽としてダムに隣接しており、ダムの水を構成自治体へ注水（送水）するため、下部には直径２mの導水管が配管されている。

この導水管は、入口部分から、傾斜角45度で下方向に約16m延びており、その先はほぼ水平に配管されているが、事故当日は導水管入口まで水が満たされており（推定200ｔ）、導水管付近にいた作業員１名が、管内の水を汲みに行ったところ、誤って水中転落した事故であった。

屋内の導水管に至るには、屋外の垂直はしごを約10m登り、屋上の立坑を経て内部に入り、壁体沿いに約15m組まれている足場を下らなければならなかった。

写真26－１　導水管

⑵　活動状況

指揮隊長を中心に活動方針が検討され、次の救助プランが打ち出された。

①　導水管内の水（推定200ｔ）を抜き、その後隊員を進入させ要救助者を引き上げる。

②　ダイバーを要請し、導水管内を潜水し何らかの方法で要救助者を引き上げる。

①については、水中ポンプが現場に大小複数個あったので、すぐに活動に取り掛かることができるが、救助（排水）には膨大な時間を要してしまうことになる（当初の試算では４時間以上）。

②については、当消防組合は潜水機材がないため、公的機関（防災ヘリ、警察へ

リ）や、民間人等へ潜水活動を要請することで、①のプランよりも比較的短時間での救助活動が図れると考えた。しかし、要請先が対応可能かどうかは不確定であり、いずれのプランも救助までには数時間を要してしまうことがこの時点で判断できた。

要救助者を早期に救助するため、全てのプランを同時進行する方針が決定された。

また、通報段階で、ドクターヘリ及び近隣二次救急医療機関のドクターカーも要請したが、救助までに数時間を要するため、一旦、現場を引き揚げることで調整を図った。

水中ポンプによる排水作業は直ちに開始されたが、ダイバーの要請については、別事案対応中とのことで、断念することとなった。

その後18時30分に導水管の傾斜部分の排水が完了したので、管内の酸素濃度を測定するため、隊員１名が空気呼吸器を装着して進入し調査したところ、幸い酸素濃度は良好で素面活動は可能であったが、救助活動をするにはまだ水深が深く、排水作業はさらに継続することとなった。

このとき目視で要救助者が水没状態であるのを確認した。

１時間後の19時28分に隊員２名が進入し要救助者の救助活動が開始された。

導水管内の引き上げは、現場作業員も多数いたことから、マンパワーでロープを直に引いてもらい要救助者を引き上げ、そこから屋外へは、屋上に設置されているホイストにより一旦15m引き上げ、屋上からはクレーン車により地上まで搬送し、20時13分に全ての活動が終了した。

写真26－２　減勢池水槽全景

その他救助26

(3) 詳　細

現場到着	救急隊＝11時53分、指揮隊、救助隊＝12時01分、消防隊＝12時20分
導水管水抜き開始	12時42分
導水管水抜き完了、隊員進入（救助準備）	19時28分
救助完了	19時47分
活動終了	20時13分

所　見

本事例は、覚知から救助までに８時間27分もの時間を要し、かつ、外気温との差も20℃近くあったなか、狭隘な足場を何度も上り下りし、比較的ストレスのかかる現場であった。

しかし、最前線に位置する救助隊員、前進指揮者として位置していた中隊長、屋上と屋外で現場指揮本部を構え、各関係機関と調整を図っていた指揮隊が、三位一体となり、常に情報を共有しながら、組織的な活動ができた事例であった。

また、現場の作業員や工事関係者も非常に協力的であり、積極的な資器材の提供、活動に対してのアドバイス等「自分達の仲間をいち早く助け出したい」との思いが強く伝わってきた現場活動でもあった。

残念ながら要救助者の生還は叶わなかったが、長時間の活動にもかかわらず、最後まで集中力を持ち続け、二次災害等も引き起こすことなく活動を終えられたのは、普段行ってきた訓練の成果が発揮できたことが要因だと考えている。

27 高速道路における交通事故（県内２消防本部が連携し、ドクターヘリによる救急搬送を伴った事例）

災害概要

高速道路上で発生した交通事故による車両火災において、県内２消防本部及び関係機関が連携するとともに、ドクターヘリが高速道路上にて離着陸し傷病者を救急搬送した事例である。

写真27－１

覚　　知	平成25年６月某日10時08分
気　　象	天候＝晴
発生場所	高速道路上り線（ＩＣから南２km地点）
出 動 隊	出動車両： ①　Ａ消防本部＝指揮車１台、水槽付きポンプ車１台、水槽車１台、救助工作車１台、救急車３台 ②　Ｂ消防本部＝水槽付きポンプ車１台、救急車２台 ③　県＝ドクターヘリ１機 出動人員： ①　Ａ消防本部＝消防職員21名 ②　Ｂ消防本部＝消防職員11名 ③　県＝ドクターヘリ４名

受傷者	3名 ① 20代男性：重症（右下肢デグロービング損傷及び痺(しび)れ（+））（以下「①傷病者」という。） ② 20代男性：中等症（左膝変形及び左下肢痺れ（+））（以下「②傷病者」という。） ③ 30代男性：中等症（四肢擦過傷多数）、（以下「③傷病者」という。）

上下線片側２車線の高速道路において、大型トラックが追い越し車線を時速約100kmで走行中、中央分離帯に寄り過ぎたため、車線内に戻そうとハンドルを左に切ったが制御できず、路肩の防音壁に衝突し横転・炎上し、大型トラックの乗員３名が負傷した事故であった。積荷の高圧ボンベ（アセチレン、酸素、ＬＰＧ）が散乱したため、二次災害危険により高速道路上り車線が通行不能になった（**写真27－1**）。

活動概要

(1) 火災現場の状況

火災現場は、Ａ消防本部の消防署から南南東に13.5kmの距離に位置する高速道路上り線上である。付近に水利はない。

(2) 発見・通報の状況

ア 通報内容

（高速道路走行中の通行人→Ａ消防本部）「トラックが横転し、炎上。けが人が２～３名いるようだ」

イ 出動途上の追加情報

（NEXCO→Ａ消防本部）「アセチレン、酸素、LPGボンベ（以下「高圧ボンベ」という。）が散乱。爆発音あり」

（指揮隊→出動各隊）活動に際し、安全離隔距離を保つよう指示をした。

ウ 現場到着時の状況

（最先着：ａ救急隊→指揮隊）事故車両は炎上中であり、高速道路の本線上には積載物が散乱し、通り抜け不可能であった。

（後続：指揮隊→Ａ消防本部）上り線による救急搬送は困難だと判断し、消防相互応援協定に基づくＢ消防本部の出動及びドクターヘリの出動を要請した。

エ 応援要請

（Ａ消防本部→Ｂ消防本部）高速道路上り線の車両火災は、傷病者が３名おり、ドクターヘリ出動要請中。Ｂ消防本部に消防隊１隊及び救急隊２隊の出動を要請した。

⑶　活動状況

ａ救急隊が最先着し、高圧ボンベ等の爆発の二次災害危険がないことを確認するとともに、傷病者のトリアージを実施した（**写真27－２**）。

傷病者３名のうち①傷病者をドクターヘリ対応とし、ａ救急隊に一時収容した。②傷病者及び③傷病者をＢ消防本部救急隊対応とし、ｂ救急隊及びｃ救急隊へ一時収容した。

高速道路は、車両火災により上下線とも全面通行止めの交通規制が敷かれていた。

指揮隊は、消火活動を指揮するとともに、通行車両がないことを県警高速隊から確認し、県警及びNEXCOの了承を得て、高速道路本線上にドクターヘリ着陸を決断した。

写真27－２

高速道路下り線に後着のＢ消防本部３隊が到着した。

指揮隊から活動方針が示され、ポンプ隊（水槽付き）はドクターヘリの安全管理、ｄ救急隊は②傷病者、ｅ救急隊は③傷病者の救急搬送を確認した。

ポンプ隊（水槽付き）は、傾斜が少なく、中央分離帯及び路肩にメインローター等への障害物がない場所を選定し、事故現場から下り方向に約300ｍ離れた橋上をドクターヘリのランディングポイントとした。

⑷　詳　細

10時53分	ドクターヘリが橋上の路肩寄りに着陸（**写真27－３**） フライトドクターが事故現場に駆け足で急行した。
11時02分	上り線のｃ救急隊から中央分離帯を越えて下り線のｅ救急隊に③傷病者を移動完了（**写真27－４**）

その他救助27

11時05分	e救急隊は、③傷病者を県立X病院へ搬送開始 同じく、a救急隊からd救急隊に①傷病者を移動完了
11時19分	d救急隊にて、①傷病者をドクターヘリに収容完了
11時22分	ドクターヘリ、県立Y病院へ向け離陸
11時26分	e救急隊、県立X病院に到着
11時29分	ドクターヘリ、県立Y病院に着陸、到着
11時30分	b救急隊からd救急隊に②傷病者を収容完了
11時32分	d救急隊、県立Z病院へ向け現場発
12時06分	d救急隊、県立Z病院到着

写真27－3

写真27－4

所　見

本事例は、隣接消防本部から消防相互応援協定に基づく出動要請があり、さらに、ドクターヘリの高速道路上への着陸による救急搬送を伴った車両火災であった。

高速道路上でのドクターヘリの離着陸には、上下線の通行止めが不可欠である。

また、山間部の多い本県では、高速道路上でも離着陸可能な平坦地や障害物のない場所が少なく、至近にランディングポイントを選定することは困難な場合がある。

したがって、消防本部によるランディングポイントの事前調査のほか、ドクターヘリ側による調査結果の把握も必要である。

本事例のランディングポイントは、現場から約300mの距離があったため、フライトドクターの移動が必要になり、活動の迅速性の面で課題を残した。

隣接消防本部、警察及びNEXCOとの連携はもとより、県防災ヘリ、ドクターヘリ、さらには他県消防本部との連携を見据えた円滑な活動が重要であると再認識した事例となった。

ばら積み貨物船内で発生した労災事故（船のクレーンを使用して救助した事例）

災害概要

ばら積み貨物船の船倉で発生した事故による要救助者を船のクレーンを使用して救助した事例である。

覚　知	平成26年10月某日11時46分
受傷者	１名

港で積み込み作業をしているばら積み貨物船（３万ｔ級、全長約150m）の船倉で、30代の男性作業員がブルドーザーを運転していたところ、船のクレーンの先端に取り付けられている鉄製のバケットが作業員に直撃し、運転席とバケットの間に挟まれた後、運転席から落下した事故であった。

活動概要

(1) 通報内容及び現場到着時の状況

「船内で作業員が機械に挟まれて、けがをした」との通報内容で救急隊１隊、ポンプ隊１隊、救助隊１隊が出動した。

現場到着後、関係者の案内で船内に進入し甲板から船倉を見下ろしたところ、ブルドーザーの近くで要救助者が倒れているのを確認した。甲板から船倉までの落差は約20mであった。

船に備え付けの固定はしごで船倉へ下りることは可能であったが、下り口の開口部が狭いため、要救助者の救出経路としては使えない状況であった。

(2) 活動状況

隊員が固定はしごで下りて要救助者と接触、観察したところ、要救助者は意識清明で、呼吸時に胸部が痛いと訴えていた。呼吸20回／分、脈拍73回／分整、血圧139／89、SpO_2は92％、左側腹部打撲血腫、右肘・右側腹部打撲挫創、肋骨動揺なし、呼吸音左右差なし、麻痺なしであった。

要救助者の救助方法として、はしごクレーンで救助する方法と船のクレーンを使用して救助する方法の２通りの方法を考え、落差が約20mあること、要救助者がかなりの大柄であることから船のクレーンを使用すると判断した。関係者に協力を依頼し、バスケット担架などの資機材を使用して要救助者をつり上げることを指示した。

誘導ロープを船倉側と甲板側でとり、民間作業員が船のクレーンを操作して要救助者を甲板までつり上げ救助した。

写真28－１　ばら積み貨物船

写真28－２　使用したクレーンと甲板の状況

(3) 初診時の傷病名

傷病名　右第６、７、８肋骨骨折、左第10肋骨骨折

傷病程度　中等症

写真28－３　船倉の状況

(4) 詳　細

現場到着	11時57分（ポンプ隊） 12時00分（救急隊） 12時01分（救助隊）
救助完了時刻	12時26分

所　見

救助隊長の指揮の下、民間作業員と連携して、安全迅速に救助することができた。

消防隊員が行う救助活動において、要救助者をクレーンでつり上げることは、クレーン等安全規則の第26条、第72条に抵触しないと平成20年２月22日に厚生労働省から総務省消防庁あてに通達が出ている。救助隊員にとっては周知の事実だが、救助隊員以外には、この通達を知らなかった者もおり、各担当と情報共有を行い、お互いの業務内容を把握することで、更なるスムーズな連携活動につながっていくと考える。

29 橋脚の工事現場での足場崩落事故

災害概要

高速道路の橋脚部分の建設現場において発生した労災事故で二次災害の発生が懸念されるなか、病院のドクターカーを要請し、医師・看護師と連携した救助救急事例である。

覚　知	平成27年12月某日10時18分
発生場所	高速道路の橋脚部分の建設現場
出動隊	指揮隊（１隊３名）、救助隊（１隊２名）、救急隊（１隊３名）、支援隊（１隊２名）の合計４隊10名、ドクターカー１台５名（病院）
受傷者	１名（30代、男性。現場到着時顔面蒼白、橈骨動脈触知可能、意識レベルJCSⅠ桁（重症・重症骨盤骨折、肺挫傷、肋骨骨折）。）

高速道路の橋脚部分の建設現場で、橋脚部分の周囲を囲っていた足場の解体作業をしていた作業員１名が崩落した資材により受傷し、両下腿を足場に挟まれた事故であった。

活動概要

⑴　**救助現場の状況**

現場は、消防署から南に約2.7㎞離れた山間部のため池の水を排出した跡のくぼ地である。その付近一帯の道路幅員も狭いため、救助工作車等の大型車両が直近まで近付けない活動上困難な場所であった。

⑵　**活動状況**

10時18分に覚知し出動した。出動途上に要請キーワードに基づきドクターカーを要請した。先着救急隊は現場到着後、周囲の状況を確認しながら傷病者に接触した。

周囲にいた工事関係者には、不用意に崩落現場に立ち入らないように指示した。崩落した足場は、工事現場で作業に当たっていた大型クレーンによってかろうじて確保されている状態であり、周囲には支点となる支持物はなく、降雨のため地盤は不安定であった。

まず初めに、マット型空気ジャッキを傷病者が挟まれている周囲に設置し作業スペースを確保した。その後、障害となる鉄筋をエンジンカッターで切断し、スプレッダーで傷病者の両下腿が挟まれている付近の足場を開放し全脊柱固定を実施し救助した。傷病者の観察については事前にドクターカーの医師に依頼していた。傷病者１名を救助後、ドクターカーに収容し医師・看護師による治療が開始された。

写真29－１　救助活動現場全景

写真29－２　足場崩落現場１

現場到着	10時40分
救助開始	10時40分
救助（完了）	11時14分

写真29－３　足場崩落現場２

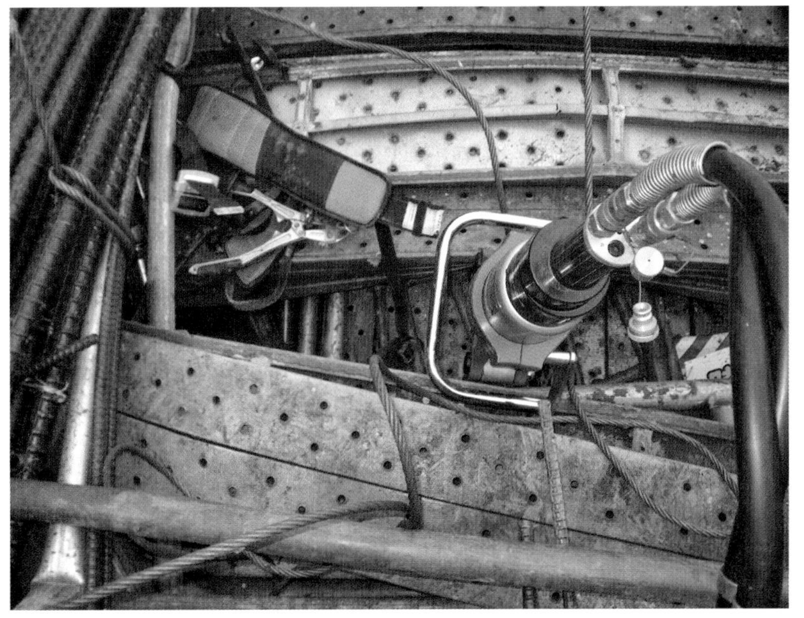

写真29－４　傷病者が挟まれていた場所

所見

本事例は、ため池の跡地に建設中の高速道路の橋脚部分を囲っていた足場の解体作業中に足場が崩落し、両下腿を挟まれた作業員の男性１名の救助事案であった。直近に車両が部署できず、資機材の長距離搬送が必要であったことや、想定していた救助方法ができなかったこと、隊員が経験したことのないような事案であったこと、また、確保を取る支点がなかったこと等、様々な要因が重なった危険な場所での救助であったが、工事関係者と消防隊員、ドクターカーの医師・看護師との連携で二次災害もなく迅速に救助ができた。

30 空港における小型軽飛行機墜落事故

災害概要

空港の滑走路に、搭乗者４名の小型軽飛行機が墜落炎上したものである。

覚　　知	平成28年３月某日16時25分
気　　象	天候＝快晴、風向＝西南西、風速＝3.6m/s、気温＝13.2℃、湿度＝37.2%
発生場所	空港内Ａ滑走路
出 動 隊	指揮車＝２台、化学車＝１台、タンク車＝２台、ポンプ車＝１台、救助工作車＝１台、救急車＝３台、調査車＝１台、出動人員36名
119番通報内容	「空港Ａ滑走路に４人乗り小型機が墜落、現在、空港消防隊により消火中です」
受 傷 者	４名

空港職員の通報により空港航空機災害計画隊（以下「計画隊」という。）が出動した。

小型軽飛行機は東からＡ滑走路へ着陸を試みるも失敗し、ゴーアラウンド（着陸復行）のため再上昇したところ何らかの原因により墜落したとのことであった。部署した時点で、空港消防隊が泡放射による消火作業を完了しており、事故機から炎は認められず、異音等もなかったが、後部座席周辺から尾翼までの胴体部分が大きく損壊し、周辺に破片等が散在している状態を確認した。

上空には報道関係等の数機のヘリコプターが飛来し、空港南側には、数十ｍにわたって人だかりができ騒然とする状況であった。

活動概要

16時34分に計画隊は空港のゲートに集結し、空港管制からの「離着陸機なし」の情報を確認後、空港車両先導で墜落場所へ部署した。

事故機の周囲を一巡したところ、搭乗スペースに閉じ込められた要救助者４名を確認した。燃料にあっては右翼側には確認できなかったが、左翼側には流出せずに残存している状況であった。再燃に備え泡放射可能な化学車１台及びタンク車２台による警戒筒先を配備した。救急隊及び救助隊が大破焼損した機体に取り残された要救助者４名の観察及び救助資機材を活用した機体の拡張・切断等の救助作業を開始したところドクターヘリが現場臨場し、医師により要救助者４名の死亡が確認された。以降に行われる現場検証や火災原因調査に係る現場保存のため、サルベージシート等で、要救助者のプライバシー保護活動を実施した。

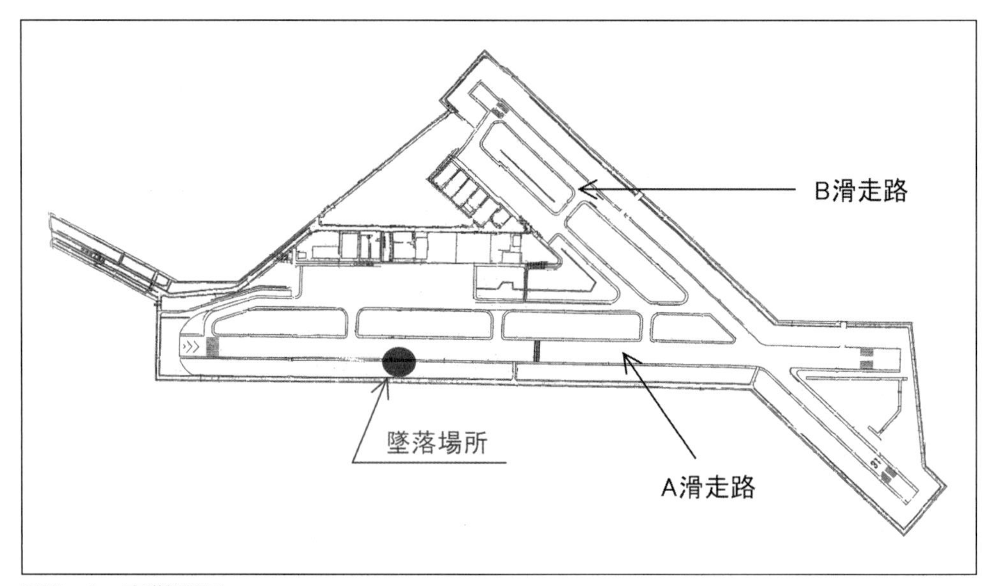

図30－１　空港概要図

写真30－１　現場到着時の状況

鑑識処理後、救助作業を開始するも、搭乗スペースが狭隘で墜落による損壊が激しいことや、活動スペースが両翼上で傾斜により滑りやすく、救助作業は困難を極めた。

写真30－２　空港消防隊、消防隊の集結状況

写真30－３　小型軽飛行機外観の状況

所見

航空機事故に係る災害の対応は、滑走路等の使用状況の把握、空港内への入退出管理、燃料の状況把握、狭隘な機体のため事故の際閉じ込めが多く火災が発生したとき逃げ遅れ者を生み出しやすい特性等、事案を取り巻く様々な特性を考慮した対応が肝要である。

また、本事例は、当市消防隊による泡放射をするまでには至らなかったが、これまでの訓練経験により、空港はその立地条件から強風等の影響を非常に受けやすく、射程距離の把握や適切な圧力操作に基づく燃焼実体への効果的な放射が課題と考えられることから、継続的な訓練が必要不可欠だと再認識した。

31 コンバイン運転中に法面から転落・転覆した下敷き事故

災害概要

稲刈りを終え、コンバインで圃場(ほじょう)から農道にバックで上がったところ、誤って後退し過ぎて法面(のりめん)を転落・転覆し、運転していた男性１名がコンバインの下敷きとなった事故である。

覚　知	平成27年９月某日11時31分
気　象	天候＝晴、風向＝北東、風速＝1.4m/s、気温＝25.7℃、湿度＝74％
発生場所	圃場
出 動 隊	指揮隊（指揮隊車１台）２名、救急隊（救急車１台）３名、救助隊（救助工作車１台）４名、ドクターヘリ
119番通報内容	「コンバインが田んぼに転落して、人が下敷きになっている」
受 傷 者	１名（ドクターヘリにて搬送）

活動概要

現場は、最寄りの消防署から直線距離で14.2㎞に位置する山間地域であり、当消防本部が所有する救助工作車が現場到着するまでには20分以上を要する地域である。

先着救急隊より、農道（未舗装）から約２ｍ程下がった圃場のなかでコンバインが転覆し、１名が下敷きになっているが、要救助者の頭頂部のみが確認できる程度で、傷病者の容態観察が実施できない状態であるとの情報であった。

また、救急隊現場到着時にはコンバインのエンジンがかかっている状態であったので、エンジンの停止を試みるも運転席が地面に埋まっているため停止することができなかった。周囲に燃料漏れ等はなく、火災危険はないと判断した。

救助隊現場到着後、指揮隊の下命により救助工作車のクレーンによるコンバインのつり上げ及びマット式空気ジャッキを使用した救助活動を実施。現場は圃場であるため、沈み込み防止を目的にマット式空気ジャッキの下に枕木を敷いて救助を試みたが、コンバインの車両重量が２ｔと重く、マット式空気ジャッキも枕木ごと地面へ沈み込んでしまい、救助に至るまでの十分な間隙を作ることはできなかった。

次に、スコップを用いて要救助者周囲の地面を掘り救助を試みるも、掘り進めるにつれ土質は変化し、鋤床層（すきどこそう）が現れるなど人力での掘削による救助は困難と判断したため、ウインチによる救助へ変更した。この時点では、要救助者の右腕のみが確認できる程度であったが、現場要請したドクターヘリの医師によりCPA状態と判断され、医師によって静脈路確保の処置が実施された。

写真31－1　救助活動中

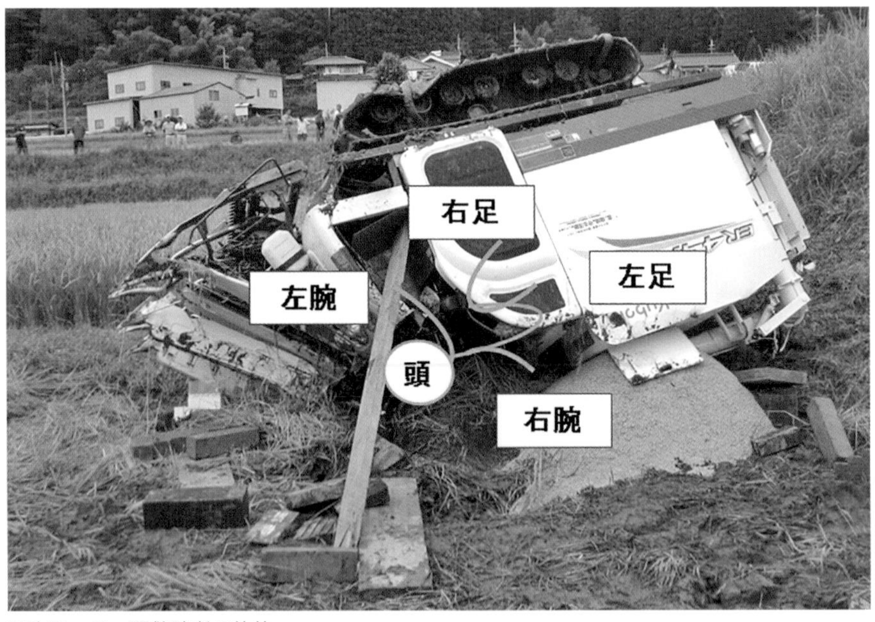

写真31－2　要救助者の体位

写真31－３　ウインチを使用した救助

写真31－４　現場を離陸するドクターヘリ

その後、当て木でコンバインの確保を継続しつつウインチによる救助活動を実施したところ、畦（あぜ）や法面を支点としてコンバインが起き上がり始めた。コンバインの安定化を図りつつ救助に必要な空間を確保し、要救助者を救助した。要救助者は、ドクターヘリの医師により開胸心マッサージ等の現場処置が実施されたのちドクターヘリで救命救急センターへ搬送された。

指　令	11時35分
出　動	11時36分
現場到着	11時58分
救助開始	12時00分
救助完了	12時48分
活動終了	13時26分

所見

本事例は、道路幅約３ｍ、救助工作車のクレーン基部からコンバインまでの距離が約６ｍと、救助工作車の能力を最大限に発揮できない状況下であったことに加え、圃場内であるために救助資機材の性能も十分に発揮できない環境下での救助活動を余儀なくされた現場であった。

この現場で選択した活動に加え、油圧資機材を用いた救助方法や車両の解体等も考慮するなど、救助方法の選択肢を多く持つことはもちろんであるが、現有資機材の能力で救助可能である事例が多いなか、余力のある資機材を選定し活動を決定することができるかどうかで、余裕のある活動、救助時間の短縮につながることを実感した現場となった。

また、当市には地域救命救急センターである市立Ａ病院があり、重篤な救急患者を常に受け入れる体制がとられていることに加え、当消防本部は公立Ｂ病院を基幹病院とするドクターヘリの運行圏内であり、本事例についても医師による早期医療介入を実施することができた。

32 地震による倒壊家屋多数の下敷き事案

災害概要

地震で発生した家屋倒壊の救助救急事例である。

(1) **地震（前震）**

平成28年４月某日、21時26分にマグニチュード6.5、最大震度７の地震（前震）が発生。管内においても、Ａ町で最大震度６強、Ｂ町とＣ町で震度５強、Ｄ町で震度５弱を観測した（気象庁発表資料参考）。当消防本部においては、災害対策本部を設置し、全職員で火災・救急の現場活動をはじめ、被災建物や道路状況、各町の避難状況などの対応に追われた（図32－１）。

当県では、相互応援協定による県内応援隊、更に、緊急消防援助隊を要請した。

時間	119件数	出動件数	火災	救急救助	救急	その他	ヘリ支援	未出動	問い合わせ	重複	その他	まちがい	いたずら	誤報	転送
21:26～22:00	21	3			3			18	3		14		1		
22:00～23:00	28	5	1		4			23	5		13		4		
23:00～0:00	9	4			4			5	5						
0:00～1:00	14	4			4			10	6		2	1	1		
1:00～2:00	6	2			1	1		4	4						
2:00～3:00	4	0						4	4						
合計	82	18	1		16	1		64	27		29	1	6		

図32－１　前震　119通報と出動状況

(2) **地震（本震）**

平成28年４月某日、１時25分に前震を更に上回るマグニチュード7.3、最大震度７の地震（本震）が発生した。管内では、Ａ町が震度６強、Ｂ町とＣ町で震度６弱、Ｄ町で震度５強を観測した（気象庁発表資料参考）。

119番通報の数は、前震の件数をはるかに上回り、発生から午前９時までの間で156件に上った（図32－２）。

時間	119件数	出動件数	火災	救急救助	救急	その他	ヘリ支援	未出動	問い合わせ	重複	その他	まちがい	いたずら	誤報	転送
1:25〜2:00	42	5		4	1			37	2		34		1		
2:00〜3:00	45	4		3	1			41	4	1	35		1		
3:00〜4:00	19	3			2	1		16	4	1	11				
4:00〜5:00	7	3		2		1		4	1		3				
5:00〜6:00	12	7		2	3	2		5	2		2				1
6:00〜7:00	14	4		1	3			10	1		9				
7:00〜8:00	8	5		1	3	1		3	1		2				
8:00〜9:00	9	2			2			7	1	1	3	1		1	
合計	156	33		13	15	5		123	16	3	99	1	2	1	1

図32－2　本震　119通報と出動状況

活動概要

本震の119番通報の中には前震の際になかった「家屋倒壊」、「下敷き」といったキーワードが含まれ、人命救助を優先したコールトリアージを基に現場に出動した。

現場は、図32－3に示すとおりで、①倒壊現場に救助工作車と救急車（計４名）、②倒壊現場にポンプ車（４名）が向かった。現場付近の道路には亀裂や液状化現象がみられ、住宅の塀や瓦等が散乱し、瓦礫（がれき）等を除去しながら進行した。

①倒壊現場では、住民は自力で脱出しており要救助者はなく、③倒壊現場へ移動した。

②倒壊現場では、住人から「潰れた１階に父と母、弟の３名が下敷きになっています」との訴えがあり、呼び掛けで、はっきりした女性の声と男性のかすかなうめき声を確認した。女性（70代、母）は呼び掛けに返答はあるものの居場所は不明確であった。男性の声をたどり、建物東側で１階の屋根の梁に挟まれている男性（70代、父）を家屋に進入した隊員が発見し接触したところ、不穏状態で頭部からの出血がみられ、さらに腰部から下腿を挟まれており救助困難な状況であった。

残る男性１名（40代、弟）については呼び掛けに反応がなく居場所も不明確であった。３名の救助は、資機材及びマンパワー不足と判断し、③倒壊現場で活動中の救助隊の応援を要請した。

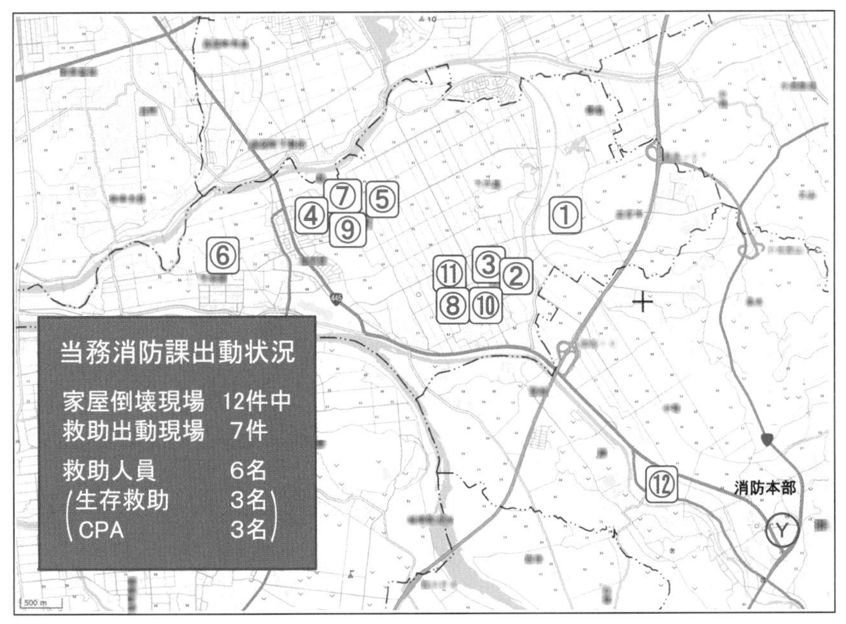

図32－3 救助現場全体図

写真32－1 ②倒壊現場 救助状況

③倒壊現場では、救助隊が倒壊した家屋の柱等に挟まれた80代男性（クラッシュシンドローム疑い）を１階の屋根部分から救助し、②、③倒壊現場の活動隊で救急隊を編成し搬送後、救助隊は②倒壊現場へ移動した。

②倒壊現場では、女性（70代、母）の居場所は、東側の２階付近と判明した。けがはないが身動きがとれない状態であった。また、梁に挟まれていた男性（70代、父）は、

CPAになっていた。さらに反応がなかった男性（40代、弟）は、西側、１階の屋根の下付近で声を確認した。

幾度となく発生する余震や緊急地震速報の警報音、防災無線による「大地震」のアナウンスの中、西側、１階の屋根の下の男性（40代、弟）の救助を優先し、屋根部分の瓦を除去、柱等をチェーンソーで切断し、１階屋根部分から40代男性（左側腹部切創）を救助した。その後、東側で梁の下敷きになっていた70代男性（頭部挫創CPA）を救助し後着の救急隊へ引き継いだ。

残る女性１名の声をたどり東側の２階へ進入し、照明及び活動スペースを確保するとともにチェーンソーで床板を切断したところ１階の天井下で身動きがとれなかった70代女性（ケガ等なし）を発見し、障害物を除去し自力歩行にて救助した（不搬送）。

資機材撤収後、終わりの見えない救助活動に不安を抱えつつ、救助隊・ポンプ隊に別れて次の倒壊現場へ向かった。

救助隊は、④倒壊現場で、梁に頸部を挟まれた60代男性（CPA）を救助後、⑨倒壊現場へ移動し、先着の別の活動隊と県警機動隊と協力し倒壊した建物１階から80代男性（CPA）を救助した。

ポンプ隊は、⑧、⑩倒壊現場を検索するが要救助者はいなかった。

活動開始から６時間以上が経過した頃、救助隊・ポンプ隊共に帰署命令がかけられ帰署となった（倒壊現場写真及び時系列については写真32－１～32－３、図32－４参照）。

写真32－２　④倒壊現場　救助状況

写真32－３　⑨倒壊現場　救助状況

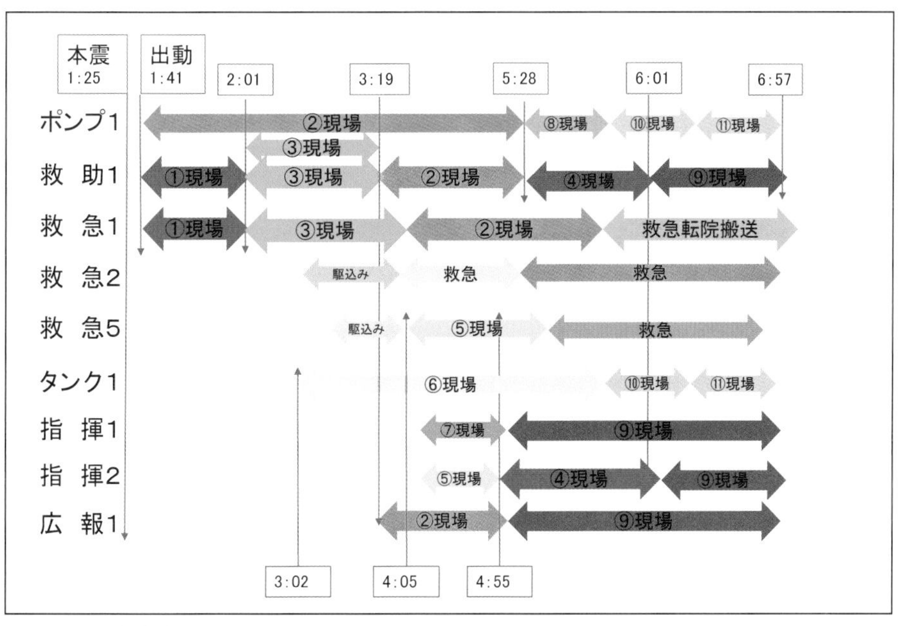

図32－４　時系列

所　見

本地震では、前記以外にも小規模な当消防本部における連続する救急出動への対応、出動隊員の把握、無線通信統制、被害状況の把握、消防本部へ駆け込まれた避難者の対応、水や食料の確保等、かなりの苦戦を強いられることになり、いろいろな課題が残されることとなった。しかし、余震の続くなか、大きな事故もなく長時間にわたり活動してくれた隊員一人ひとりに感謝するとともに、今後も、本地震で救えなかった命があることを念頭におき、より良い現場活動を目指し少数精鋭で災害対策等に取り組んでいく所存である。

33 挟圧外傷で救助直後に心肺停止となったコンバインの横転事故

災害概要

市内の農道をコンバインで走行中、運転操作を誤り、コンバインごと道路脇用水に転落横転し、運転していた男性１名が、両下肢をコンバインに挟まれ脱出不能であるのを家族が発見・通報した事例である。

覚　知	平成29年11月某日18時29分
気　象	天候＝晴、風向＝南西、風速＝１m/s、気温＝9.7℃、湿度＝87.5%
発生場所	農道
出 動 隊	救急隊１隊（３名)、救助隊２隊（９名)、消防隊１隊（５名）
119番通報内容	「家族が、コンバインの下敷きになり動けなくなっている」
受 傷 者	１名（救助後、救急車にて搬送）

活動概要

(1) 活動状況

現場は、直近の消防署から約5.5㎞に位置する農道であり、救急車と救助工作車がほぼ同時に到着した。

現場の状況は、コンバイン座席部分と用水法面との間に男性の両下肢（腰部より下）が挟まれており、脱出不能な状態であった（用水高さ：約1.2m・法面材質：コンクリート・コンバイン重量：約１ｔ)。

さらに、転落横転したコンバインは、３点のみの接地により、車体が不安定な状態であったため、二次災害の危険性が懸念されたほか、傷病者との接触も上肢のみ可能であるなど、活動隊員が容易に傷病者に接触できない救助現場であった。

このような状態で救急隊が観察を実施した結果、意識清明、呼吸正常、脈拍は橈骨動脈にて正常に触知、発汗なし、挟まれ部については観察不能であった。また、目視可能範囲では明らかな外傷・出血は認められないものの、左下肢については蒼白で指は動かすことができず、右下肢については足首を動かすことが可能な状態で、挟まれた両下肢以下に痛みと痺れを訴える状況であった。

事故の状況評価から傷病者救助までに時間を要することが予測されたため、18時43分に現場医師派遣要請を判断したが、既に日没しており、ドクターヘリまたはドクターカーの選択は行えなかったため、救急車でのピックアップ方式による現場医師派遣要請を選択し、指令センターに無線連絡した。18時50分に指令センターから「他事案の救急車受け入れが相次ぎ、現場医師派遣が不可能」との無線を受信したため、医

写真33－1　転落横転したコンバインが不安定な様子

写真33－2　転落横転したコンバインが不安定な様子

師の現場派遣を断念した。

救助活動については、現場指揮者の安全管理の下、救助隊がスリングベルト及びクレーンを使用し、コンバインのつり上げを実施しながら、救急隊は傷病者への頻回な呼び掛けを行い、意識レベルの変化を見逃さないように細心の注意をはらった（意識レベルに顕著な変化なし）。

19時23分、現場到着から44分後に両下肢が開放された直後、傷病者の意識レベルの

写真33－３　両下肢（腰部より下）が挟まれており、脱出不能な状態

写真33－４　挟圧により左下肢が蒼白である状態

急激な低下（JCSⅢ桁）を認めたため、一旦、準備していたバックボードへ収容し、初期評価を再度実施した。その結果、意識レベルJCS300、呼吸は下顎様、脈拍は総頸動脈触知なしのCPA状態（19時24分確認）を確認したため、CPRを開始するとともにAEDを装着した。AED装着後のモニター初期波形は、PEA（100回台／分のQRS波形あり）であったが、CPRを19時28分（４分間）まで実施し、効果の確認を行った結果、自発呼吸及び総頸動脈触知可能（自己心拍再開）を認めた。

救急車内収容後の観察評価では、19時30分に意識レベルJCS10、呼吸正常、脈拍104回／分、血圧111／71、高濃度酸素投与（リザーバーマスク10Ｌ）下で$SpO_2$87％を確認し、その後の継続観察でも容態に特異な変化はなく、県西部唯一の三次救急医療機関である救命救急センターへ19時38分に収容した。

⑵ 詳　細

指　　令	18時30分
出　　動	18時31分
現場到着	18時39分
救助開始	18時40分
救助完了	19時23分
病院到着	19時38分

所　見

本事例は、救助活動中も傷病者に頻回に呼び掛け、可能な観察を継続することにより、容態変化を見逃すことなくCPAの判断をし、迅速なCPRにより蘇生成功・社会復帰へとつなげることができた奏功事例であった。

結果的には、現場への医師派遣は不可能であり、また、派遣された場合でも、事故の形態及び安全管理面から医師による現場での医療処置は困難な事案であったが、どのように変化するか予測不能な現場で、救命を第一とし、全ての手を尽くすという点では、早期に現場医師派遣要請の判断が行われたのは的確であったと思われる。

搬送先医師の所見では、CPAの要因は挟圧外傷による両下肢の細胞外液喪失・除圧後の血流再開によって、一時的に体循環の循環血液量が減少し、血圧が低下したことが考えられるとのことであった。

事故の形態からはクラッシュシンドロームを想定した活動が要求される事案であり、容態急変のために備える時間的猶予は十分にあるなかで、安全管理面から実施できないもどかしさが出動隊員の心に残る印象的な現場であるとともに、挟圧外傷の病態から突発的に容態変化する危険性を再認識させられた現場でもあった。

今後も、あらゆる場面で傷病者のために何が最も必要で、何ができるかを的確に判断し、救命率の向上に資する所存である。

34 山の斜面で横転した小型重機の下敷き事故

災害概要

山の斜面で小型バックホウ（以下「小型重機」という。）を操縦し、一人で開墾作業をしていた男性が、操作を誤り横転した小型重機に右下肢を挟まれ脱出できなくなった。大声を出して救助を求めたが、山中であるため発見する人はいなかった。数時間が経過したとき、近くの住民が助けを呼ぶ声を聞いて110番通報し、警察官が通報した男性に状況聴取中に警察官も助けを呼ぶ声を聞いたので、消防本部に駆け込み、出動要請となった事例である。

覚　知	平成30年９月某日18時32分
気　象	天候＝曇、風向＝西南西、風速＝2.8m/s、気温＝27.8℃、湿度＝75%
発生場所	山中
出 動 隊	救急隊１隊（３名）、救助隊１隊（５名）
119番通報内容	「山の中から助けを呼ぶ声がした」との通報で、通報した人に会うと、助けを呼ぶ声が聞こえたので出動をお願いします。
受 傷 者	１名

その他救助34

活動概要

(1)　**活動状況**

現場付近は消防本部から約２kmの場所、通報した警察官からの情報で、山中で道路が狭いので大型の救助工作車が進入できないと判断し、救助資機材を積載しているポンプ車を選定して、助けを求めている男性の捜索及び救助のために救急救助出動した。

捜索開始から８分後に傷病者を発見。現場の状況は、山の斜面で小型重機が右側に横転して、操作していた男性の右下肢が小型重機と地面の間に挟まっていた。傷病者から事故発生時刻を聴取、受傷から２時間以上経過していた。

二次災害のおそれがないことを確認して救急隊が傷病者に近づき観察をした結果、意識清明、橈骨動脈で脈拍は110回／分のほかにバイタルサインに異常はなかった。

受傷部位は右下肢で、小型重機に挟まれ長靴を脱がすことができず、足背動脈の確認はできなかった。

小型重機が横転していた付近に木の枝等があり、活動スペースがなかったため、電動油圧資機材で木の枝を除去して活動スペースを作り、救助活動を開始した。

傷病者の容態急変に備え、管内の直近医療機関に連絡して医師派遣要請をした。さらにクラッシュシンドロームを疑い、近隣市の病院へ救急救命士特定行為指示要請を行い、医師から「静脈路確保、急速輸液で乳酸リンゲル液１パック投与後に救助を開始してください」との指示を受け、右前腕橈側皮静脈に静脈路確保をして急速輸液を実施した（18時58分）。

19時06分に派遣要請をしていた医師２名が現場到着した。救助隊は小型重機に救助用ロープを取り付けて救助準備を整えるとともに、救急隊は輸液１パックを終了後に２つ目の輸液パックを付け替え、急速輸液を継続した後、地面等の状況に鑑み、救助用ロープを引きマンパワーで小型重機を持ち上げての救助を選択した。現場の医師の助言を受けながら救助を開始し、小型重機を持ち上げ傷病者の下側にバックボードを差し込み、小型重機の下から傷病者を引き出し、救助を完了した。

写真34－１　横転した小型重機に右足を挟まれた状況

写真34－２　医師とともに救助している様子

医師と救急隊が詳細観察をした結果、接触時と同様の状態であり、負傷箇所は圧迫していた右下肢のみであった。輸液を継続しながら全身固定を実施し救急車に収容

後、現場派遣要請した医師２名も救急車へ同乗させ、救急隊は医師とともに傷病者の容態変化に注意しながら、救急救命士特定行為指示要請をした病院へ搬送した。

写真34－３　横転した小型重機付近の状況（翌日撮影）

⑵　詳　細

18時32分	出動指令
18時33分	救急隊・救助隊出動
18時35分	現場到着・捜索開始
18時43分	傷病者発見・接触
18時44分	救助開始
18時50分	医師派遣要請
18時55分	救急救命士特定行為指示要請
19時06分	派遣要請医師が現場到着
19時14分	要救助者救助完了
19時29分	救急車現場出発
19時39分	救急車病院到着

所　見

当消防本部は町単独の少人数の消防で、消防隊は消防・救急業務等と各担当の事務が兼務であり、大災害時には毎日勤務者と隔日勤務者で対応して非番招集も行っている。
本事例では、事故後に発見が遅れ、小型重機で右下肢を長時間圧迫しクラッシュシンドロームの疑いがあったため、圧迫解除後の急激な高カリウム血症等による容態変化に対応するために現場への医師派遣と、近隣市の病院へ救急救命士特定行為指示要請を行い、２つの医療機関との連携を図った。
傷病者の男性は、圧迫していた下肢に骨折があったが、命に別状はなく、病院搬送することができた。

35 山間部の住宅建築現場での転落事故（軽四救急車、高規格救急車、ドクターヘリが連携した事例）

災害概要

住宅建築現場２階の屋根で作業中の60代男性が、約３m下の地面に転落したものである。

覚　知	13時08分
発生場所	山間部の住宅建築現場
119番通報内容	「60代男性、屋根から転落し、耳からの出血があり、意識なし、呼吸はしていないみたい」
受 傷 者	１名

現場は、当市北部地区の山間部にあり、県道から約200mは高規格救急車の進入できない狭隘道路のため、高規格救急車と軽四救急車が同時出動。また、入電時の通報内容にあった「意識、呼吸がない」とのキーワードから、ドクターヘリに出動要請した。

活動概要

13時09分	事故現場が山間部にあり県道から事故現場までが狭隘道路のため、Ｘ出張所の高規格救急車と軽四救急車に出動指令が出る。
13時11分	Ｘ出張所から高規格救急車、軽四救急車に２名ずつ乗車し計４名で出動した。
13時13分	出動途上の救急救命士がドクターヘリに出動を要請した。
13時20分	県道と現場へ続く狭隘道路との分岐部広場に高規格救急車と隊員１名を残し、軽四救急車に３名乗車で現場に向かった。
13時22分	現場に到着し傷病者に接触した。関係者に状況を聴取すると、傷病者は、木造平屋建ての屋根で作業中に足を滑らせて転落したもので、高さは約３m、地面はコンクリートであった。接触時の所見は、意識レベルJCSⅢ桁、呼吸はいびき様呼吸、右側頭部は約５㎝の幅で陥没し出血あり、瞳孔は散大し右共同偏視あり。高濃度酸素マスクで酸素10Ｌ投与、バックボード固定を実施した。

13時29分	軽四救急車に収容し搬送を開始した。
13時31分	高規格救急車に傷病者を乗せ替えた。
13時33分	ヘリポートに向けて搬送を開始した。
13時35分	救急車内でのバイタル、意識レベルJCS300、呼吸数26回／分、脈拍99回／分、心電図 洞調律、血圧169／120、SpO_2 99%（高濃度マスク酸素10Ｌ投与）
13時41分	ヘリポートに到着した。先に到着していたドクターヘリから医師、看護師が救急車に乗車し、気管挿管、静脈路確保、FASTを実施した。
13時50分	ドクターヘリに傷病者を収容し活動を終了した。
傷病者の診断名	急性硬膜下血腫、外傷性くも膜下出血、頭蓋骨陥没骨折
傷病程度	重症

写真35－１　狭隘な道路写真１

写真35－２　狭隘な道路写真２

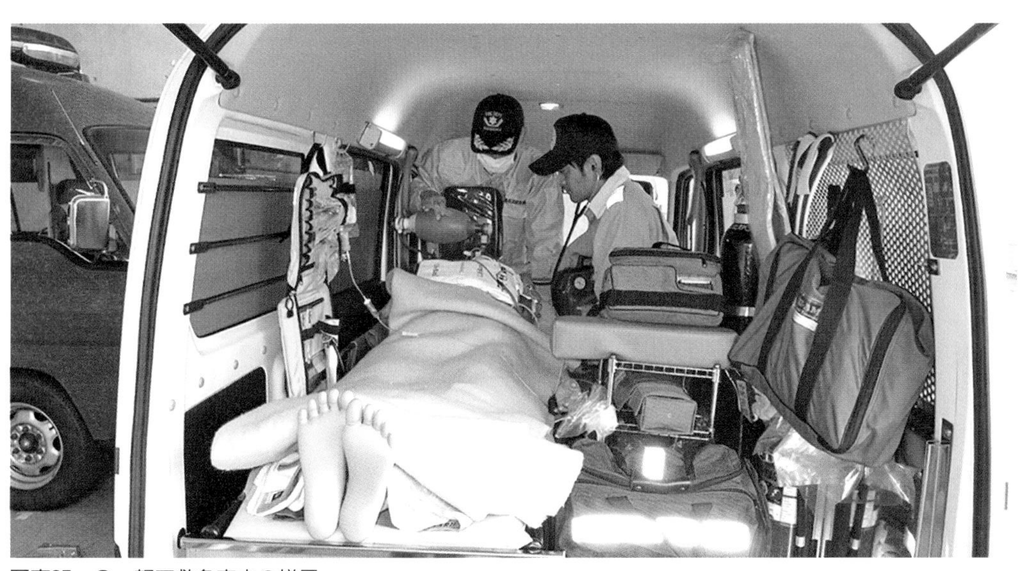

写真35－３　軽四救急車内の様子

所見

本事例は、重症外傷症例で、迅速な搬送、早期の治療開始が必要であった症例である。従来であれば、高規格救急車が進入することのできない約200mの狭隘道路を徒歩にて移動、路面の悪い道路をストレッチャーで搬送しなければならなかったため、救急活動に苦慮する事例であったと考えられるが、軽四救急車で救急現場直近に行くことにより、短時間で傷病者に接触、軽四救急車、高規格救急車及びドクターヘリの連携で搬送時間を短縮し、医師の治療を早期に開始することができた事例であった。

写真35－4　軽四救急車と高規格救急車

36 的確な観察により、重症度・緊急度評価と病態を把握し、適切な医療機関へ早期搬送した救急活動

災害概要

救急隊として基本に基づいた適切な観察と救急現場では把握が難しいと思われる病態把握を行い、それに基づく適切な病院選定により、医療機関での早期処置につながり功を奏した事例である。

覚　知	平成28年７月某日19時51分
受傷者	１名

指令内容は「60代の男性、突然の胸痛、意識あり、既往歴なし、薬の服用なし」であった。

この指令内容から狭心症を疑い出動した。

活動概要

(1) 活動状況

① 現場到着時

意識清明。後頭部から首にかけての痛み。痛みの強弱はなく、移動もない。苦悶様表情で、冷汗あり。脈圧及び血圧に若干の左右差あり（右114／60mmHg、左105／55mmHg）。頻呼吸（24回／分）、四肢に麻痺なし。

② 車内収容時

意識清明。後頭部からの痛みが、胸部に移動している。痛みは和らぎ、ピークは最初の時点である。血圧に明らかな左右差あり（右90／70mmHg、左58／50mmHg）。呼吸数は20回／分となった。四肢に麻痺なし。瞳孔左右差なし、対光あり。

③ 処　置

酸素投与（10Ｌ／分）

体位考慮（座位）

(2) 判　断

大動脈解離及びくも膜下出血の両病態を疑ったが、次の観察項目により大動脈解離であると判断した。

① 血圧の左右差がある。

② 痛みの移動がある。

③ 痛みのピークが、症状の出始めである。

④ 血圧の上昇がみられない。

⑶ 病院選定

当県搬送の基準に基づく「急性冠症候群・胸痛」にかかる医療機関を選定し、搬送した。

⑷ 予　後

病院到着後即検査、大動脈解離との診断結果を経て、緊急手術となった。

手術後の予後は良好で、１か月後に無事退院となった。

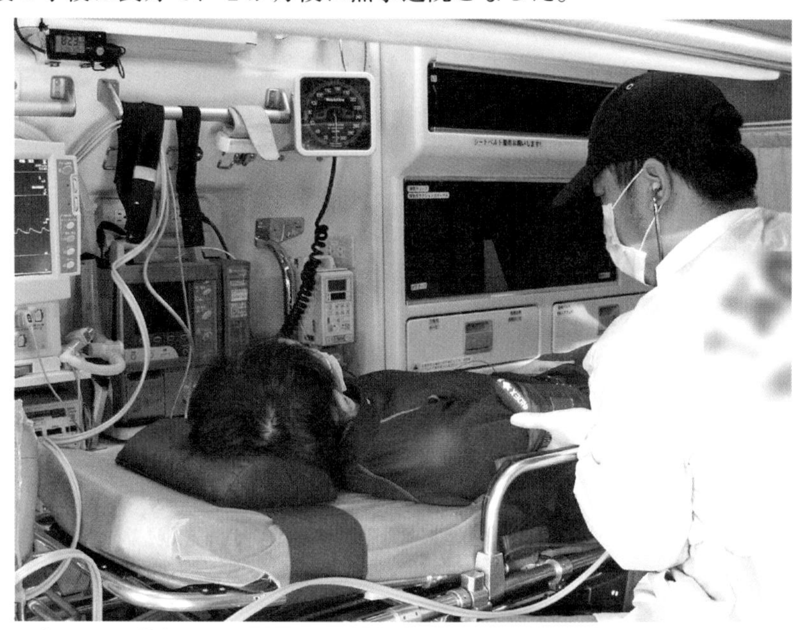

写真36－１　救急隊員の観察訓練

⑸ 詳　細

指　　令	19時52分
出　　動	19時53分
現場到着	19時58分
傷病者接触	19時59分
車内収容開始	20時05分
車内収容	20時08分
病院問合せ	20時18分
病院決定	20時23分

現場出発	20時23分
病院到着	20時30分

（119番通報から病院搬送完了まで39分。）

所見

本事例では、救急隊の適切な観察により、的確に病態を導き出し、病態に応じた適切な医療機関を選定できたことから傷病者にとって良好な結果をもたらした。

救急業務の高度化に伴い、救急救命士の処置拡大、教育体制の見直し、指導救急救命士の導入等で制度が確立されていくなか、特定行為などの処置や手技の習得のみにとらわれ、基本的な呼吸や脈拍の観察、それに基づく病態の把握をどれほどの救急隊員が確実に行えているのかということを感じさせられた。

今後、救急隊員の教育を実施していく上で、処置や手技のみにとらわれることなく、観察に基づいた一連の活動を念頭に教育していく必要があると考えている。

37 建設現場でのCPA（ドクターカーを活用し社会復帰した救急事例）

災害概要

病院との連携により、搬送中の救急車内で心拍再開、社会復帰となった事例である。

覚　　知	平成29年２月某日８時50分
発生場所	建設現場
出 動 隊	救急隊１隊（隊員３名、うち救急救命士１名）、ポンプ隊１隊（隊員３名） ※通報内容からCPAを疑い、PA連携出動とした。
119番通報内容	「建設現場で作業員の70代男性が急に倒れた。顔が蒼白くて、呼んでも反応しない」
受 傷 者	１名

活動概要

８時53分	指令センターよりドクターヘリを要請するが、天候不良のためフライト不可
８時56分	救急隊現場到着 指令管制員の口頭指導により、バイスタンダーCPR実施中、呼吸、脈なしCPAを確認、隊員とCPR交代
８時58分	AED装着 Vfを確認、救急救命士によりショック１回目実施 ショック後の波形はPEA
８時59分	特定行為の指示要請
９時00分	目撃のあるCPAのため、Ｂ市立病院救命救急センターへドクターカーを要請
９時01分	救急車内へ収容、右橈側皮静脈へ22Gで静脈路を確保

９時02分	心拍再開、自発呼吸弱いためBVMにて補助換気継続
９時03分	GCS E4V1M1、瞳孔両側３㎜、呼吸数16回／分、血圧126／60㎜Hg、SpO_2 96％（BVM補助換気）、体温36.2℃ 自発呼吸もしっかりしてきたため、高濃度リザーバー付きマスク10Ｌ/分投与に切替
９時04分	救急隊現場出発
９時05分	ドクターカーＸがＢ市立病院を出発
９時15分	意識レベルJCSⅡ桁、呼吸20回／分、脈拍80回／分、血圧127／80㎜Hg、SpO_2 100％、モニター波形、洞調律
９時20分	ドクターカーＸの医師により、人工心肺装置対応のドクターカーＹの出動が必要と判断。ドクターカーＹがＢ市立病院を出発。ドクターカーＹの展開場所を、Ｃ消防署に選定
９時30分	傷病者意識レベルJCSⅠ桁に回復、会話可能、症状なし
９時35分	ドクターカーＸとドッキング、医師２名が救急車へ乗込み
９時36分	ドッキングポイントを出発
９時37分	医師の観察結果から、ドクターカーＹをキャンセル。以降、傷病者の容態は安定
10時09分 医師診断名 傷病程度 予　　後	Ｂ市立病院収容 心室細動 重症 約８日後、後遺症もなく、独歩にて退院

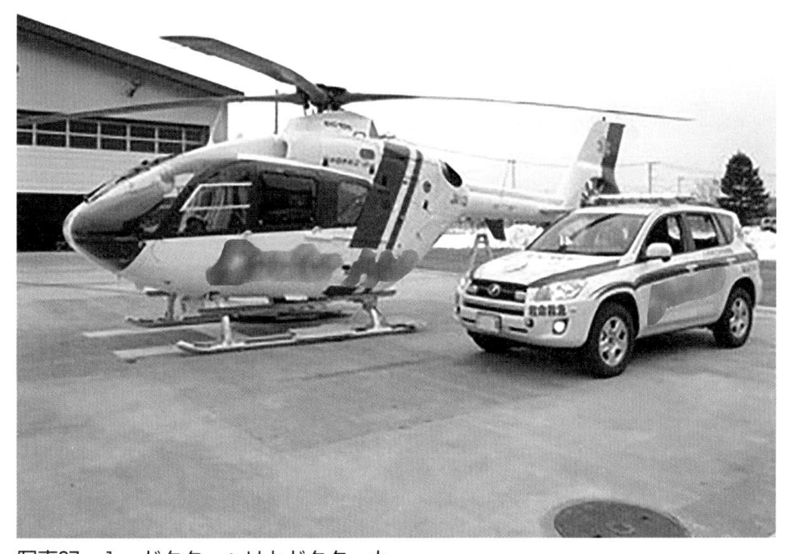

写真37－１　ドクターヘリとドクターカー

写真37－2　人工心肺装置を装着可能なドクターカーY

所 見

当消防本部は、三次救急医療機関に救急搬送する場合、北へ約１時間の位置にＡ県立病院、南へ約１時間の位置にＢ市立病院がある。傷病者の傷病程度によって三次救急医療機関への搬送が必要な場合、地域の実情として、搬送時間が約１時間かかることから、天候や時間帯等により、ドクターヘリ２機（Ａ県立病院、Ｂ市立病院）、ドクターカー（Ｂ市立病院）を選定している。

ドクターカー事業（ドクターカーＹも含む。）は本来Ｂ市を主体とする事業ではあるが、近隣の当地域においても、人道上必要な場合は要請し、運行病院のＢ市立病院から多大な支援を得ている。

当消防本部における平成28年度の要請実績としては、ドクターヘリ67件、ドクターカー24件となっている。

本事例は、目撃のある心肺停止症例で、救命の連鎖の奏功事例といえる。しかし、その裏で早期の医療介入を考慮し、ドクターカーを要請した救急隊、ドクターカーだけでなく、早期の人工心肺装置適応を見越しドクターカーＹを出動させたＢ市立病院救命救急センター、ドクターカーＹの展開要請に応えた消防本部間の連携体制が構築できている地域だからこそ、救急隊の迅速な現場対応ができた事例ともいえる。

38 中心市街地の歩道を自動車が暴走し多数の傷病者が発生した事故の救急搬送

災害概要

市の中心部を南北に延びる通り（片側３車線）の交差点付近から駅へつづく通りの歩道上を、軽自動車が約700m暴走して歩行者など６名を次々とはねて負傷させたもので、当消防局では交通事故による特別救急救助出動として対応した事例である。

覚　　知	平成27年10月某日14時53分
気　　象	天候＝晴、風向＝東南東、風速＝４m/s、気温＝20.3℃、湿度＝39.9%
発生場所	歩道上
出 動 隊	指揮隊２隊、救助隊１隊、消防隊３隊、救急隊６隊、その他３隊、合計15隊、42名
内　　容	「駅前交差点付近で４、５名が軽自動車にはねられ倒れている」（複数入電）

この暴走車両は駅前の交差点で転覆して停止しており、高齢の運転手は車外に座り込んだ状態であった。

活動概要

(1) **活動状況**

当消防局と連携して、大学医学部附属病院ドクターヘリ及び県立病院ドクターカーが出動し、軽自動車の運転手、歩行者及び自転車の運転者の６名が救急搬送となっている。

(2) **傷病者情報（トリアージ判定、搬送病院、傷病程度）**

① 10代女性（トリアージ赤、三次救急医療機関へ救急車搬送、重症）
② 50代女性（トリアージ赤、三次救急医療機関へ救急車搬送、死亡）
③ 60代女性（トリアージ赤、三次救急医療機関へドクターヘリ搬送、死亡）
④ 60代男性（トリアージ緑、二次救急医療機関へ救急車搬送、軽症）
⑤ 70代男性（トリアージ緑、二次救急医療機関へ救急車搬送、重症、事故車両運転手）

⑥　20代女性（トリアージ緑、二次救急医療機関へ救急車搬送、中等症）
⑦　20代女性（外傷等なし、本人搬送拒否のため不搬送）

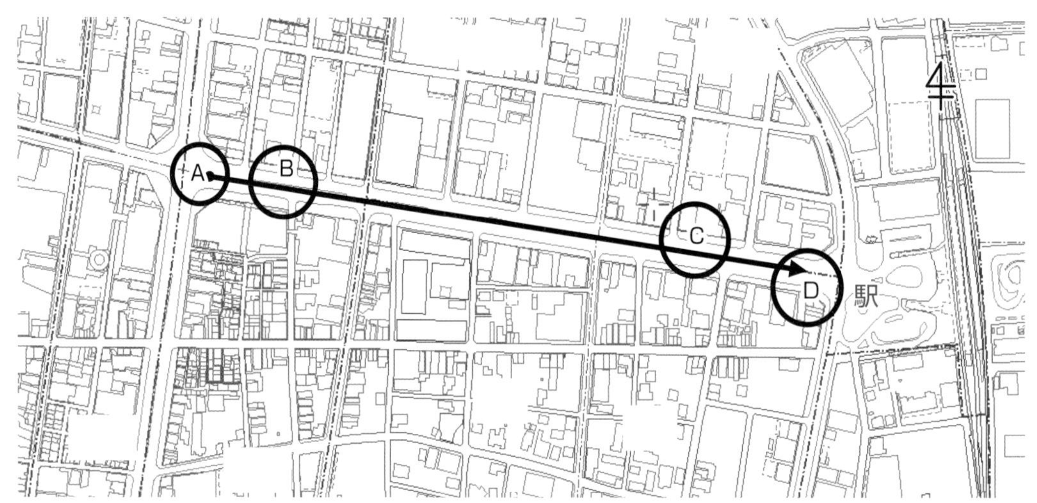

図38－１　現場図面　事故車両は、Ａ付近から歩道に進入し、約700m暴走した後Ｄ付近で転覆した。傷病者は、Ｂに１名、Ｃに１名、Ｄに５名点在した。

⑶　活動状況

先着隊のＡ救急小隊は現場到着後、事故の状況や傷病者数の把握に努めながらトリアージを実施した。また、後着の指揮小隊は、現場指揮本部を設置するとともにトリアージ赤の傷病者が３名との情報により、優先して救命処置を各小隊に指示する一方でほかの傷病者の情報収集を実施した。その間に、ドクターカーが現場到着し医師２名が活動を開始した。

①傷病者は、転覆車両から西側約200m先の歩道上に横たわっておりトリアージ赤、Ａ救急小隊とドクターカーの医師Ｅと協力して救命処置を実施し搬送した。

②傷病者は、転覆車両から西側約50m先の歩道上に横たわっておりトリアージ赤、Ｂ救急小隊とドクターカーの医師Ｆと協力して救命処置を実施し搬送した。

③傷病者は、転覆車両付近に横たわっておりトリアージ赤、現場指揮本部は、早期医療介入及び重症度の観点から、要請していたドクターヘリを現場直近へ着陸させることを検討した。駅前の交差点が防災対応離着陸場許可基準をクリアしていることから、警察へ交差点の使用許可と封鎖協力を依頼し、了解後にドクターヘリへ当該交差点内（図38－１Ｄ付近）着陸を指示した。

その間、③傷病者には、救助小隊、ポンプ小隊及びドクターカーの医師Ｆが救命処置を施しており、着陸後にドクターヘリ医師スタッフに引き継ぎ三次病院へ搬送し、全ての活動を完了した。

なお、Ｃ救急小隊は④、⑥傷病者を、Ｄ救急小隊は⑤傷病者をそれぞれ二次病院に搬送した。

写真38－１　図38－１のＣ付近を西側から撮影した状況

写真38－２　図38－１のＤ付近の傷病者の様子

写真38－３　図38－１のＤ付近に着陸したドクターヘリの様子

⑷　詳　細

14時53分	指令課入電
14時57分	特別救急救助指令により出動　ドクターヘリ要請
15時00分	消防隊現場到着　活動開始、ドクターカー現場到着（医師２名）
15時07分	駅前交差点閉鎖（ドクターヘリ着陸のため）
15時10分	Ｂ救急小隊　現場出発（②傷病者　Ｇ病院搬送）
15時11分	Ａ救急小隊　現場出発（①傷病者　Ｇ病院搬送）
15時15分	ドクターヘリ駅前交差点内路上に着陸（医師３名）
15時27分	Ｃ救急小隊　現場出発（④、⑥傷病者　Ｉ病院搬送）
15時28分	Ｄ救急小隊　現場出発（⑤傷病者　Ｊ病院搬送）
15時33分	ドクターヘリ　現場離陸（③傷病者　Ｈ病院搬送）
16時10分	現場指揮本部解除　活動完了

所　見

本事例は、通常の交通事故のように現場が限定された多数傷病者事故ではなく、現場が広範囲（複数箇所）にわたっており、災害状況や傷病者数の把握に困難を来したことから、今後の現場指揮本部の情報収集要領や活動指示等のあり方を再考させるものとなった。

事後検討会では、災害の状況把握に時間を要したため、活動初期において医療機関や警察との情報共有に混乱を生じたことを踏まえ、当該事故のような特異なパターンを想定した関係機関の連携による対応訓練の必要性について確認した。
また、当消防局において、ドクターヘリ運航開始以降、ランデブーポイント以外の中心市街地内への着陸は初めてのことであった。この事故の特徴となった、中心市街地へのドクターヘリ着陸については、混乱した現場にあって、指揮本部が傷病者の重症度や周囲の状況を迅速に状況判断し、決断した結果であり、今後のドクターヘリの運用及び連携のあり方を示唆するものになった。

39 離島で出生した低体重児の救急搬送（航空隊ヘリ要請事例）

災害概要

島内の病院にて29週で出生した低体重児を、専門的管理のために本土の病院まで転院させる必要が生じた事例である。

覚　　知	平成29年某月某日４時39分（消防本部入電）
発生場所	町立Ｙ病院産婦人科
出 動 隊	救急隊３隊（Ｙ町消防本部救急隊及びＸ消防本部救急ヘリ連携救急隊２隊）、救急ヘリコプター１機（Ｘ消防本部装備部航空隊）、ポンプ隊１隊（Ｘ消防本部Ａ消防署Ｃ出張所２小隊・救急活動支援）
内　　容	２時17分に29週で出生、低体重児のため専門的管理を要する。

活動概要

⑴ 詳　細

３時30分	Ｙ町長から県庁Ｚ出張所・県福祉保健局コーディネーター宛搬送要請
３時40分	島しょ救急患者搬送要請書・Ｘ消防本部受信
４時30分	Ｘ消防本部航空隊フライトプラン決定
４時39分	島しょ救急患者搬送要請書・Ｙ町消防本部受信
４時45分	Ｘ消防本部航空隊ヘリコプター（以下「航空隊ヘリ」という。）出動指令
５時15分	航空隊ヘリ：出動（ヘリポート離陸）
５時30分	航空隊ヘリ：県ヘリポート着陸
	Ｘ消防本部Ｂ救急隊が医師搬送した県立病院新生児集中治療室医師が搭乗
５時43分	航空隊ヘリ：出動（県ヘリポート離陸）
６時38分	Ｙ救急１：Ｙ島空港到着

7時00分	航空隊ヘリ：Ｙ島空港着陸
7時09分	Ｙ救急１：（本土からの新生児集中治療室医師及び医療資器材を町立Ｙ病院へ搬送）医師及び保育器を航空隊ヘリから降ろし、車内収容
7時16分	Ｙ救急１：町立Ｙ病院到着
	町立Ｙ病院にて搬送用保育器を救急車に装着
8時27分	Ｙ救急１：傷病者車内収容（町立Ｙ病院）（空港へ向け現発）
8時36分	Ｙ救急１：Ｙ島空港到着
8時41分	傷病者航空隊ヘリ機内収容
8時50分	航空隊ヘリ：Ｙ島空港離陸
10時16分	航空隊ヘリ：Ｄビルヘリポート着陸
10時22分	Ｘ消防本部Ａ救急隊：車内収容
10時25分	Ａ救急隊：ヘリポート現発
10時50分	Ｘ消防本部Ａ救急隊：県立Ａ病院到着
10時51分	病院収容
	医師診断名：極低出生体重児（重篤）
	予後：良好

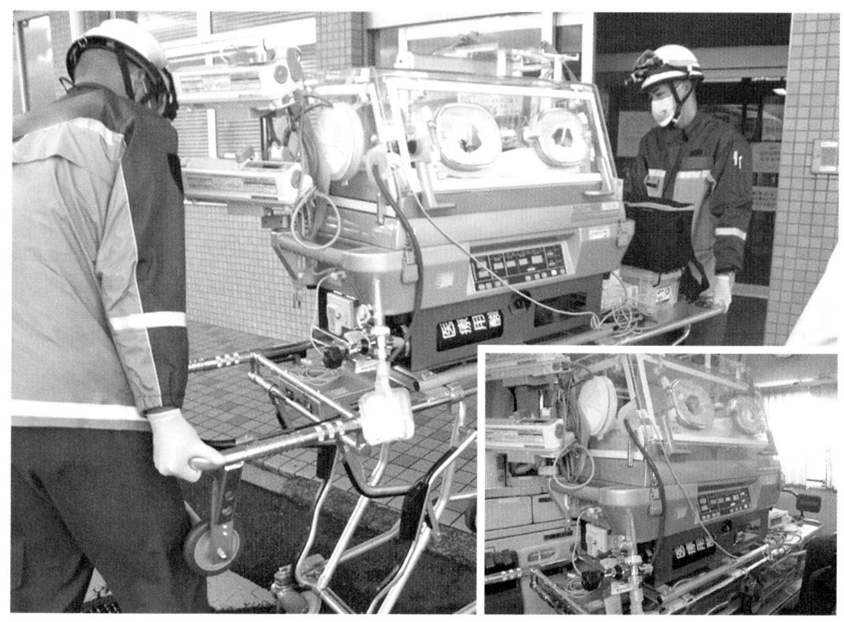

写真39－１　救急隊員が保育器を町立Ｙ病院から救急車へ搬送している様子

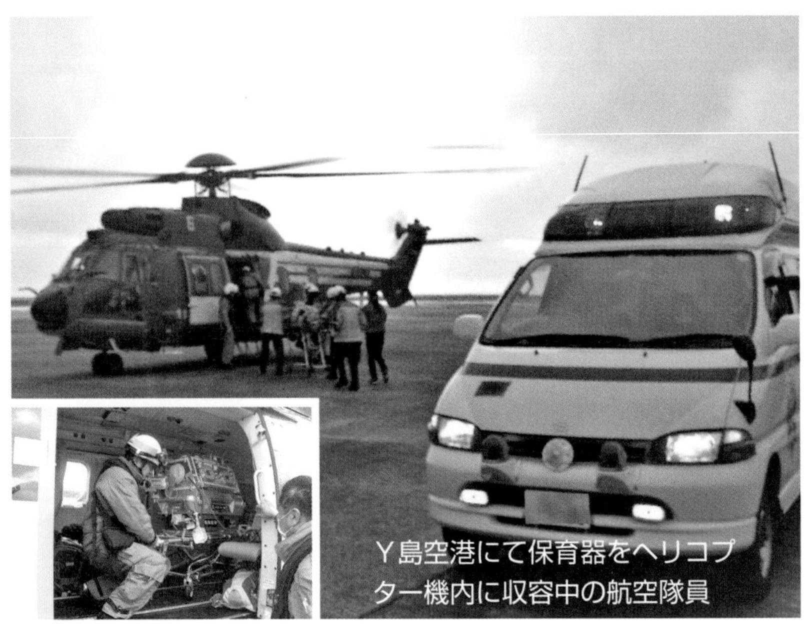

写真39－2　救急車からヘリコプター機内へ移動中

所見

本事例は、極低出生体重児の専門的管理が必要で、島内の病院から本土の新生児集中治療室へ搬送した事案であった。離島から本土への搬送では、島の消防機関だけではなく、消防救急ヘリコプターを運用しているX消防本部、県庁Z出張所・県福祉保健局医療政策部、町役場・町立病院・県立病院など、様々な関係機関が、傷病者の救命のために連携を展開している。

40 交通事故の緊急搬送（ドクターヘリとの連携事例）

災害概要

自動車とバイクの衝突事故で、バイクの運転手をドクターヘリと連携して管轄外の救命センターに緊急搬送し救命された救急事例である。

覚　　知	平成29年８月某日10時23分
発生場所	国道の直線道路（携帯及び無線の電波状態が不安定な場所）
出 動 隊	救急隊１隊（隊長：救命士、隊員：標準、救命士（二行為認定））、救急隊１隊（フライトドクターの医師搬送に備え）、消防隊１隊（当消防本部Ａ分署）、支援隊１隊（ランデブーポイントでの活動）
通報内容	「自動車とバイクの事故で、バイクの運転手が道路上に転がっており、意識はあり、足から出血している」
受 傷 者	２名
そ の 他	消防本部から現場まで＝約13km、ランデブーポイントから現場まで＝約10km

自動車とバイクの衝突事故であり、通報内容から高エネルギー外傷が疑われる事故と判断し、ドクターヘリを覚知要請した。

自動車は路外逸脱し、運転手は自力で車内から脱出しており軽症。一方、バイクの運転手は、自動車をかわし切れず衝突し、路上の真ん中に倒れている状態であった。

また、当消防本部と連携して、ドクターヘリが出動し、バイクの運転手１名が緊急搬送となった。

活動概要

(1) 活動状況

救急隊現場到着時、国道は警察により通行止めにされており、救急隊長は事故の状況及び自動車運転手のけがの状況、事故車両の油漏れ等の確認を行い、同時に隊員２名はバイク運転手の観察を路上にて行った。隊長がバイク運転手の元に戻ってきた際、現場のリアルタイム映像を災害現場映像伝送装置スマートテレキャスター（以下「テレキャス」という。）を使用し、フライトドクターに伝送しようとするも、現場の電波状況が悪く伝送できず断念した。傷病者の詳細情報を救急隊から通信指令室へ無線にて連絡し、ドクターヘリへと中継してもらい、活動を行った。傷病者接触時、意識レベルJCSⅠ桁でショック状態を呈していた。車内収容後にJCSⅡ-10に低下し、心肺停止前の輸液を考慮したが、搬送経路が悪路のため静脈路確保が困難と判断し、ランデブーポイントまでの早期搬送を優先した。

写真40－1　傷病者接触時の状況

(2) 詳　細

出動指令	10時25分
ドクターヘリ要請	10時27分
救急隊出動	10時28分
現場到着及び傷病者接触	10時41分
車内収容	10時52分
現場出発	10時56分
ドクターヘリ到着	11時01分
ドクターヘリ引継	11時07分（救急隊接触からドクターヘリ引継：26分）
ドクターヘリ離陸	11時23分
ドクターヘリ病院到着	11時42分（ドクターヘリ離陸から病院収容：19分、救急隊接触から病院収容：61分）

(3) 傷病者情報

初期評価	意識レベル＝JCSⅠ桁、呼吸＝浅く早い、循環＝早い、皮膚＝冷感蒼白
全身観察	頭部・頸部＝異常なし、胸部＝右胸部圧痛及び呼吸音減弱、腹部＝右側腹部圧痛・膨隆なし、骨盤＝動揺なし、大腿＝左大腿変形腫脹あり・右は異常なし、下腿＝左下腿開放性骨折あり・活動性出血なし・右下腿の痛みあり、背部＝異常なし
詳細観察（車内収容後）	意識レベル＝JCSⅡ-10、呼吸＝30回、循環＝111回、SpO_2＝97%（酸素15L投与時）
病院収容後診断	外傷性くも膜下出血、C2・Th1骨折、右気胸及び肺挫傷、右脾臓・副腎・腎損傷、肝挫傷、左大腿骨・脛骨骨折、右腓骨骨折、右寛骨臼、右座骨・左恥座骨・仙骨骨折
傷病程度	重症

(4) 経過（救命センターからの回答書の一部抜粋）

1病日	ERで大動脈遮断バルーン留置。腹腔内出血の制御に難渋し、ガーゼパッキング術施行。生血10人分を輸血
4病日	ショックから離脱
9病日	意識清明へ
150病日	同病院の整形外科一般病棟に入院中

(5) 考　察

現場から救命センターまでの陸送距離は約100km、時間にして約80～90分である。また、当消防本部は、地元の二次救急医療機関への収容が原則となっているため、地元病院で応急処置等を実施後、転送若しくは転院搬送として救命センターへ収容となる。もし、ドクターヘリが出動不可であった場合、接触から救命センター収容まで約180分は経過していたと思われる。傷病者の状態から考えるとヘリコプターで約60分、陸送で約180分。この120分の差が生死を分けたに違いないと推測される。

所　見

本事例では、通信指令室及び救急隊、ドクターヘリの迅速かつ的確な活動、また、救命救急センターの懸命な処置・治療によりスムーズな救命リレーが行えたことから傷病者が一命を取り留め良好な結果をもたらした。

救急業務の高度化に伴い、救急救命士の特定行為の処置範囲が拡大しており、現場での活動方針や処置の判断が適切に行えるか否かで傷病者の生死を分けてしまうということを実感した。また、救命リレーでどれか1つでも欠けてしまっていたら消えかけている命を救うことができなかった。この事案をきっかけに当消防本部では、通信員・活動隊・支援隊がスムーズに活動できるよう、独自に作成したアクションカードを導入した。今後、救急救命士のみならず救急隊員の観察及び処置のスキルアップ、また、ドクターヘリとの密な連携を図り、アクションカードやテレキャスを使用した実践的な訓練が必要であると考える。

DH要請アクションカード

ドクターヘリ要請

・下記のキーワード、症状を確認した時点で直ちに要請
・緊急度高かつ病院到着まで30分以上かかる場合

・人（自転車）が車にはねられた
・同乗者が死亡、意識・呼吸がない
・車外に放出されている
・挟まれている
・重量物の下敷きになっている
・生き埋め
・高所からの転落、山岳部での滑落 ⇒ ※防災ヘリ
・溺れた（目撃者のあるもの）
・重症の中毒事件が疑われる
・刺された、撃たれた
・バス、列車、航空機事故
・気道熱傷、体表1/3以上の熱傷
・意識の悪い熱中症・低体温
・高圧線に触れた、雷に当たった
・複数の負傷者 ⇒ トリアージが必要
・減圧症を疑わせる症状・状況

・*下記を疑わせる通報内容*
・頭部、頚部、躯幹の外傷性出血
・肘、膝より中枢側の出血
・2箇所以上の四肢の変形、切断
・麻痺を伴う四肢の外傷

アクションカード展開が必要？

ドクターヘリ要請　主指令員

・ドクターヘリ出動の可否とRP選定
・追加の詳細情報を出動隊に通知
・各種支援情報を把握

・RPの選定
・無線等を使用し詳細・支援情報等を逐次連絡
・活動の必要人員を把握し順次指令にて招集
・支援隊には署の風向・風速を通知
・活動隊から必要情報の収集・精査

※各隊の最低必要人員については以下のとおり

救急車	3名
指揮・広報車	2名
ポンプ・タンク車	3名
水槽車	2名

副指令員からの情報

1　RP使用の許諾
2　テレキャスターによる情報内容
3　主運用波４での交信内容

活動隊の支援に徹すること！

ドクターヘリ要請　副指令員

・ドクターヘリ要請（ホットライン）
・RPの使用許諾
・アクションカードを各隊に

① 要請機関名（救急隊名称）
② 救急現場（発生場所）
③ 通報時点の傷病者情報（年齢・性別・症状等）
④ ランデブーポイント（予定地）
⑤ コールサイン（出動隊名称）
※ヘリ出動の可否を主指令員に通知

・RPの土地所有者等に使用許諾連絡
・病院に連絡（ヘリ要請中の件含む）
・卓上固定局を主運用波４に変更
※署以外の隊が活動時は活動波２へ変更指示
・テレキャス情報収集とCSへ転送
・消防長報告のとりまとめ

主指令員へ伝達情報

1　RP使用の許諾
2　テレキャスターによる情報内容
3　主運用波４での交信内容

重複及び他事案入電の対応忘れずに！

ドクターヘリ要請　支援隊

ヘルメット・ゴーグル等のPPE装着

- 主運用波４に変更し指令に通知
- 吹流しを設定
- 風向・風速等をDrヘリへ連絡
- 線上障害等の確認

・現運用波にて主運用波４に変更を宣言
・主運用波4で指令に通信状態確認
・当支援隊車両・救急車配置位置の設定
※ヘリ侵入経路側には配置設定しないこと
・吹流しを設定
・風向・風速、追加情報などDrヘリへ連絡
・RPにてヘリ着陸の広報
・線上障害等を目視で確認し、あればDrヘリへ詳しく無線連絡
・飛散物の撤去
・ヘリ着後救急隊の支援
・ブルーシート等を使用しプライバシー確保

ヘリ着陸時の誘導は基本的不要
必要に応じ裏面参照し誘導実施

ドクターヘリ要請　支援隊

シグナルマンの信号方法

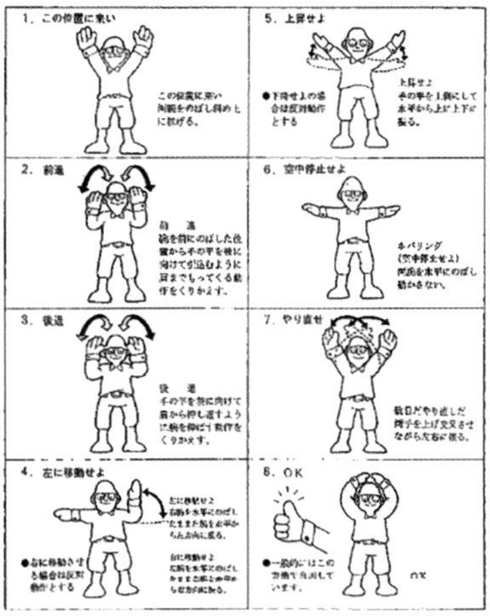

1. この位置に来い
2. 前進
3. 後退
4. 左に移動せよ
5. 上昇せよ
6. 空中停止せよ
7. やり直せ
8. OK

ドクターヘリ要請　救急隊

緊急現場出動

- ヘリ搬送の要否判定
- RP／到着時間の確認
- バイタル／状況をDrヘリへ連絡

・指令より追加情報及びヘリ搬送可否の収集
・テレキャスの起動
・患者の緊急度を把握しヘリ搬送要否判定
※状況に合わせて緊急外来搬送も考慮
・必要に応じ特定行為指示要請（斜里国保）
・主運用波４に変更を指令に通知
・患者情報バイタルなどDrヘリへ連絡
・継続的な観察で患者の容態変化を察知する
・医師への引継事項を整理する

医師と途中でドッキングする場合～
医師・看護師の活動スペースを確保

ヘリ到着待ちの間、指示があるまで
支援隊指示位置で待機

ドクターヘリ要請　救急隊

緊急外来搬送

- ヘリ搬送の要否判定
- RP／到着時間の確認
- バイタル／状況を一時収容先へ連絡

・指令よりヘリ搬送可否確認
・テレキャスの送信
・病院に患者情報及びヘリ到着時間を連絡
※必要に応じ特定行為指示要請
・ヘリ到着時間から病院出発時間を逆算
・病院出発後主運用波４に変更を指令に通知
・患者情報バイタルなどDrヘリへ連絡
・ヘリ医師へ現場状況等引継事項を事前整理

ヘリ到着待ちの間、指示があるまで
支援隊指示位置で待機

病院からの医師・看護師に対する2次災害防止に重点

事例執筆協力一覧（順不同）

小樽市消防本部
滝川地区広域消防事務組合消防本部
富良野広域連合消防本部
とかち広域消防局
斜里地区消防組合消防本部
中部上北広域事業組合消防本部
鹿角広域行政組合消防本部
一関市消防本部
花巻市消防本部
南魚沼市消防本部
富岡甘楽広域市町村圏振興整備組合消防本部
足利市消防本部
南那須地区広域行政事務組合消防本部
日立市消防本部
川越地区消防局
袖ケ浦市消防本部
八丈町消防本部
平塚市消防本部
笛吹市消防本部
諏訪広域消防本部
一宮市消防本部
富山県東部消防組合消防本部
高岡市消防本部
彦根市消防本部
福知山市消防本部
生駒市消防本部
白浜町消防本部
八尾市消防本部
丹波篠山市消防本部
玉野市消防本部
鳥取中部ふるさと広域連合消防局
多度津町消防本部
小松島市消防本部
南国市消防本部
田川地区消防本部
唐津市消防本部
上益城消防組合消防本部
別府市消防本部
宮崎市消防局
大隅曽於地区消防組合消防本部

全国の実例から学ぶ 消防活動事例集
消防最前線 救助・救急編

令和２年４月10日　初　版　発　行

編　　集／一般財団法人全国消防協会

編集協力／全国消防長会

発　　行／一般財団法人全国消防協会
〒102-8119 東京都千代田区麹町1－6－2
アーバンネット麹町ビル
TEL 03(3234)1321（代表）
FAX 03(3234)1847
URL https://www.ffaj-shobo.or.jp/
E-Mail ffaj@ffaj-shobo.or.jp

東京法令出版株式会社

112-0002 東京都文京区小石川５丁目17番３号 03(5803)3304
534-0024 大阪市都島区東野田町１丁目17番12号 06(6355)5226
062-0902 札幌市豊平区豊平２条５丁目１番27号 011(822)8811
980-0012 仙台市青葉区錦町１丁目１番10号 022(216)5871
460-0003 名古屋市中区錦１丁目６番34号 052(218)5552
730-0005 広島市中区西白島町11番９号 082(212)0888
810-0011 福岡市中央区高砂２丁目13番22号 092(533)1588
380-8688 長野市南千歳町1005番地
〔営業〕TEL 026(224)5411 FAX 026(224)5419
〔編集〕TEL 026(224)5412 FAX 026(224)5439
https://www.tokyo-horei.co.jp/

ISBN978-4-8090-2477-1